智能财会案例集

陈建林　编著

中国财经出版传媒集团
中国财政经济出版社
·北京·

图书在版编目（CIP）数据

智能财会案例集／陈建林编著． --北京：
中国财政经济出版社，2024.6
ISBN 978-7-5223-2642-9

Ⅰ.①智…　Ⅱ.①陈…　Ⅲ.①财务管理系统-案例
Ⅳ.①F232

中国国家版本馆CIP数据核字（2023）第248979号

责任编辑：彭　波　　　　　　　责任印制：史大鹏
封面设计：卜建辰　　　　　　　责任校对：徐艳丽

智能财会案例集
ZHINENG CAIKUAI ANLIJI
中国财政经济出版社 出版

URL：http://www.cfeph.cn
E-mail：cfeph@cfeph.cn
（版权所有　翻印必究）
社址：北京市海淀区阜成路甲28号　邮政编码：100142
营销中心电话：010-88191522
天猫网店：中国财政经济出版社旗舰店
网址：https://zgcjjcbs.tmall.com
中煤（北京）印务有限公司印刷　各地新华书店经销
成品尺寸：170mm×240mm　16开　10.75印张　167 000字
2024年6月第1版　2024年6月北京第1次印刷
定价：68.00元
ISBN 978-7-5223-2642-9
（图书出现印装问题，本社负责调换，电话：010-88190548）
本社图书质量投诉电话：010-88190744
打击盗版举报热线：010-88191661　QQ：2242791300

课题项目

本书受到以下课题资助。

- 广东省普通高校创新团队项目《粤港澳大湾区资本市场财务与会计创新研究团队》(2020WCXTD009)；
- 广东省普通高校重点专项领域项目《数字金融对农业家族企业创新的影响机制与治理效应研究》(2022ZDZX4009)；
- 广东省本科高校教学质量与教学改革工程建设项目《智能财会管理现代产业学院》；
- 广东省本科高校教学质量与教学改革工程建设项目《广东财经大学——广州赛意业财科技有限公司科产教融合实践教学基地》；
- 广东省高校教育教学改革项目《财经类高校深化产教融合校企合作的路径研究——以财会专业为例》。
- 广东省自然科学基金项目"宗族文化与家族企业金融化：影响机制、调节效应与经济后果"(2024A1515011561)

前　言

科技的迅猛发展，对财会行业造成了重大冲击。大数据、人工智能、移动互联网、云计算、物联网和区块链技术（简称"大智移云物区"），将会重构财会行业的运行逻辑。然而，现有智能财会领域的理论研究落后于实践探索，亟待加强对智能财会实践的分析和研究。

本书由广东财经大学智能财会管理学院组织教师和学生开展研究。通过实地调研、文献梳理、小组讨论和案例大赛等方式，经过2022年一年时间的研究，最终形成了智能财会案例集。本书选取了八个具有代表性的案例，既有传统行业的企业，又有新兴行业的企业；既有国有企业，又有民营企业。其运用的技术涵盖了区块链、财务共享中心、大数据、智能监管等。

本书既是科研专著，又是人才培养成果，更是产教融合的典型代表。感谢广东财经大学智能财会管理学院相关的老师和同学的积极参与，感谢天健会计师事务所广东分所和广州赛意业财科技有限公司提供的调研素材，感谢天健会计师事务所广东分所设立的"智能财会人才培养基金"的支持。感谢天健会计师事务所广东分所杨克晶、谭炼、魏标文和梁明伟等领导的支持，尤其是感谢天健会计师事务所广东分所派出了合伙人直接指导案例分析，他们是王振、卢玲玉、游小辉、王焕森、燕玉嵩、彭宗显、吴志辉、杨熹、章天赐、李灵辉。

本书由陈建林策划、组织和审定，每个案例均组成团队进行研究。天健会计师事务所广东分所谭炼负责案例5至案例8的指导和审定，并参与了相关案例的调研和撰写。

　　本书由中国财政经济出版社出版，感谢各位老师的认真编辑校对，他们为本书的顺利出版作出了重要贡献。

目　录

案例 1　秉轴持钧　以"中"持乐
　　——基于雅居乐财务中台建设思考 ………………………………… 1

案例 2　蒙牛公司智能财务案例分析 ………………………………………… 32

案例 3　RPA 技术对企业财务共享中心的影响研究
　　——以招商局港口控股有限公司为例 ………………………………… 48

案例 4　沧海桑田，智能当道
　　——以海通证券数字化赋能财务管理为例 …………………………… 58

案例 5　基于财务智能化的业财融合研究
　　——海尔与格力的比较分析 …………………………………………… 74

案例 6　区块链赋能企业财务管理
　　——以阿里巴巴为例 …………………………………………………… 93

案例 7　智能化司库赋能大型企业财务管理数字化转型升级
　　——以用友 BIP 全球司库为例 ………………………………………… 114

案例 8　财务共享背景下如何优化公司财务体系建设
　　——以中国节能为例 …………………………………………………… 139

案例1 秉轴持钧 以"中"持乐

——基于雅居乐财务中台建设思考[①]

摘 要：在2021年国务院发布《"十四五"数字经济发展规划》中明确提出要建立会计数据标准体系，推动会计数据治理能力建设。企业通过建立会计信息标准体系，制定实施输入、处理以及输出环节的会计数据标准，从而确保企业利用会计数据实施数据治理的有效性势在必行。基于人工智能技术下的财务中台建设是企业实现会计数据规范化，提高数据治理有效性的必然选择。

首先，本案例选取雅居乐财务中台建设作为研究对象，通过雅居乐建设财务中台前的具体情况分析，深入剖析建设财务中台的外在与内在动因；其次，基于业务中台、数据中台、智能中台对雅居乐财务中台具体体系进行分析，并通过费用报销、销售房产业务流程中的具体应用，剖析财务中台在实际应用中的实施路径；再次，本案例描述了雅居乐实施智能财务中台的路径以及迄今为止取得的效果，通过分析财务中台在雅居乐日常管理经营中存在的实施难点难题，有针对性地提出突破难点的保障机制及优化路径；最后，对当前企业实施财务中台目前存在的不足与未来的发展方向提出展望与建议。

因此，本案例在经过上述分析之后从雅居乐财务中台建设动因、实施路径与效果、建设关键因素、未来建设优化及粤港澳大湾区中台构建意义上进行了总结思考，认为雅居乐在外部政策导向及内部管理需求上促使其建设财务中台，通过建设基于"三台合一"的财务中台，有效实现会计信息标准化并取得强化数据治理能力的良好效果。本案例将执行力高、建设思路新颖等作为其建设关键因素，以同类业务和业务标签为切入点对雅居乐财务中台建设框架作

[①] 作者：王悦欣、阮瀚炫、吴家馨、辜育珊、何欣
指导教师：陈建林

构思，认为雅居乐财务中台的建设可为粤港澳大湾区企业财务中台建设及促进数据治理能力提供参考。

关键词：财务中台；数据治理；数字化转型

一、案例背景

（一）政策背景

目前，数据作为一种生产要素，正加速成为全球经济增长的新动力、新引擎，数据作为国家重要战略资源，用好数据实施数据治理与决策是企业发展的必然趋势。当前，由于大数据、财务机器人等人工智能技术愈加成熟，新一轮大数据革命渐趋渐近。对新一轮大数据革命，我国作出以下战略响应。

2020年4月，国家发展改革委、中央网信办发布《关于推进"上云用数赋智"行动，培育新经济发展实施方案》，其中提到要加快完善数字基础设施，推进企业级数字基础设施开放，并首次提出"中台是一种数字基础设施"的观点，鼓励企业通过建设数据中台，享受数据治理红利。同年，工业和信息化部发布《关于工业大数据发展的指导意见》，提出企业要加快数据汇聚，推动数据共享，提升数据平台支撑作用。

2021年12月12日，国务院发布《"十四五"数字经济发展规划》，其中提到要加快企业数字化转型升级。通过引导企业强化数字化思维，提升员工数字技能和数据管理能力，全面系统地推动企业研发设计、生产加工、经营管理、销售服务等业务数字化转型。支持有条件的大型企业打造一体化数字平台，整合企业内部信息系统，强化全流程数据贯通，加快全价值链业务协同，形成数据驱动的智能决策能力。

（二）理论背景

1. 数据治理理论

数据治理是对数据资产的管理行使规划、监控和执行等控制活动的集合，从实际效果上来讲，通过数据治理，企业得以在数据的产生、汇集、处理以及使用的过程中实施规范化管理，使数据规则、数据口径等方面形成统一。因此，通过数据的规范化治理，有效提升数据质量的同时，能够充分发挥数据内在作用。一方面，为企业实施数字化战略筑牢根基；另一方面，数据治理作为管理体系的重要组成部分，管理者可将数据作为企业管理决策的重要依据。

2. 流程再造理论

流程设置再造是一种企业活动，本质上是为追求企业管理绩效，对企业相关业务流程实施再造，流程再造的重点在于选定对企业经营极为重要的几项业务流程加以重新规划，以提高企业营运管理效果。

（三）可能存在的创新之处

时代瞬息万变，市场变幻莫测。大数据时代的来临使企业面临着更复杂、更多变、更大量的财务与业务信息，企业如何将数据治理的概念引入企业的内部数字化转型建设管理成为当前的热议话题。从当前对"中台"概念的理论研究成果与实践应用探索来看，目前我国在数据治理下的中台思想研究仍相对较少，且针对中台技术的实践应用案例研究也相对单薄。

本案例以雅居乐财务中台建设作为实践研究案例，将财务中台在雅居乐业务数据与财务数据的汇集、治理和分析中的应用思路与具体实践作为研究出发点，探究其与智慧财务的沟通桥梁。因此，本案例存在的创新之处有以下三点：

一是围绕雅居乐"基于财务中台的智能共享新财务"建设概念的创新。当前针对企业的财务数字化转型中的财务共享服务中心的建设研究主要集中于业财融合下的财务共享服务建设研究与智能化升级的应用探索，"中台"虽是我国企业对信息系统理论改造升级的一个重要贡献，但对于其如何作为"基底"概念融入财务共享建设的研究仍较少。而本案例则将雅居乐财务中台作为切入点探索中台视角下的财务共享呈现形式与智能化升级应用。

二是对雅居乐财务中台的结构综合探究的创新。业界对于中台多数是将其分为业务中台与数据中台，并对其单独探讨研究。本案例则以雅居乐如何将数据中台、业务中台与智慧中台之间搭建桥梁共同发挥数据治理价值进行综合探究，并提出未来建设的思路新思考。

三是就雅居乐财务中台建设对于粤港澳大湾区企业数据治理建设的意义进行思考。粤港澳大湾区作为我国经济腾飞的重要经济枢纽以及中台建设发达地区，雅居乐的财务中台建设除了为全国企业数据治理提供了建设范本之外，对于粤港澳大湾区特有的数据治理意义探索则更具有创新价值。

二、案例介绍

(一) 雅居乐基本概况

雅居乐集团早期作为广东省中山市三乡镇经营的一家家具厂,以房地产开发及经营为主,秉承"以房地产为主,多元化经营为辅"的发展理念,业务广泛涉足物业管理、商用物业及酒店经营等多个领域,同时亦是国内少数被恒生综合指数、恒生综合市值指数、恒生中国内地 100 等指数纳入的中国优质房地产企业。

(二) 雅居乐智能财务中台建设动因分析

1. 外部环境需求

自 2015 年伊始,国家各部委密集出台《促进大数据发展行动纲要》《中国国民经济和社会发展第十三个五年规划纲要》《国家信息化发展战略纲要》《"十三五"国家信息化规划》《关于推进"上云用数赋智"行动,培育新经济发展实施方案》《关于加快推进国有企业数字化转型工作的通知》《"十四五"推进国家政务信息化规划》等鼓励企业实施数字化转型的相关政策和指导建议,鼓励企业通过数字化技术助力产业升级与转型,如表 1-1 所示。

表 1-1　　2015~2020 年数据治理相关政策导向

发布时间	政策名称	内容摘要
2015 年 8 月 31 日	《促进大数据发展行动纲要》	着力推进数据汇集和发掘,深化大数据在各行业创新应用,促进财务大数据技术发展
2016 年 3 月 17 日	《中国国民经济和社会发展第十三个五年规划纲要》	推进信息网络技术广泛运用,提高金融服务实体经济效率和支持经济转型的能力
2016 年 7 月 27 日	《国家信息化发展战略纲要》	建立网络化协同创新体系,重点支持关键性、基础性、公共性领域的信息化建设和网络安全保障
2016 年 12 月 15 日	《"十三五"国家信息化规划》	围绕云计算与大数据、新一代信息网络、智能终端及智能硬件三大领域,提升体系化创新能力
2020 年 4 月 7 日	《关于推进"上云用数赋智"行动,培育新经济发展实施方案》	从企业基础技术到企业数字化转型再到加大数字化转型支撑保障,进行全方位、长链条的支持和鼓励

先前，国家由科技点入手，提高企业某些工作步骤的科技水平，创新之势沿着产业链掀起，形成了企业数字化转型生态的大环。现在国家推出的政策是全方位地支持各企业实施更系统的数字化转型改革，快速推进企业的转型历程，使企业拥有更成熟更高效的财务共享中台。

潮流大局，不进则退，2018年雅居乐乘着财务数字化改革的东风，基于国家的政策要求陆续推进企业财务中台建设。2020年，国家出台"十四五"规划，更是对企业的财务数字化转型提出了更系统、更详细的计划，基于此，"十四五"政策的出台将进一步推进雅居乐财务中台建设的规范性、系统性与高效性。

2. 内部管理需求

（1）利用中台成本控制，促进企业降本增效。

2021年，某著名国际数据咨询公司对50家《财富》500强企业的调查表明，通过实施共享服务项目的建设，年投资回报率平均达27%，员工人数平均减少26%，实施共享服务的成效可见一斑。

（2）顺从市场发展趋势，深挖中台数据价值。

近年来，提供中台服务的中台厂商发展势头日渐增强，在一定程度上推动了雅居乐踏上中台建设道路。如图1-1所示，2015年是中台市场的开始之年，仅有2.4%的中台厂商在此年布局中台市场，2016年和2017年合计有26%的厂商进入中台市场，2018年中台厂商开始规模化进入，同年雅居乐开始引入中台建设助力企业高效经营。2019年达到顶峰，近四成的中台厂商在这一年布局中台市场，2020年略有明显下降。

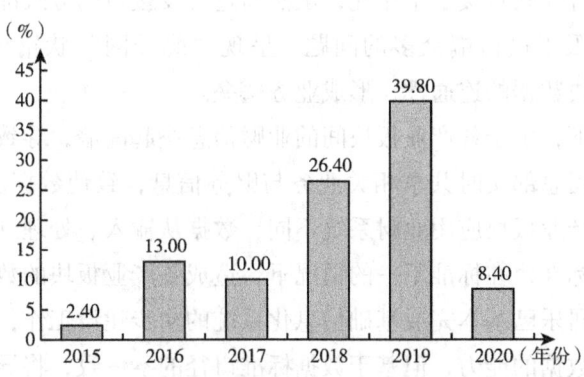

图1-1 2015~2020年我国中台用户数量布局

当前，随着数字化落地进程逐步深入，企业对数据价值挖掘和深入业务层的数据应用需求与日俱增，数据中台解决方案也随之迭代升级。中台厂商更加优质的服务为企业中台提供多维度的技术支持，以阿里云数据中台为例，基于不同行业的数据特性和差异化的业务逻辑，阿里云数据中台正在从通用领域走向精细化垂直领域，这无疑会吸引越来越多的中台用户企业进入中台建设行列。

（3）挖掘数据资产价值，发挥数据治理效用。

根据"十四五"规划针对发挥会计信息在服务资源配置和宏观经济管理中的作用的会计信息化建设要求，证实会计信息在服务经济、服务企业中将发挥决策性作用。而数据资产作为推动企业利用会计信息实施数据治理的重要元素，中国信通院曾将其定义为"由企业拥有或控制的，能够为企业带来未来经济利益的，以物理或者电子的方式记录的数据资源"，作为一种特殊资产，数据资产长期由于雅居乐集团内部存在的业财系统壁垒以及人为干预业务流程现象，严重削弱数据资产的治理有效性与分析价值，造成数据资产的浪费。

①业财数据标准不一，削弱数据治理有效性。

基于"房地产业务为主，多元业务并行"的"1+N"式运营战略，雅居乐在近年来陆续走向多元化经营发展路径，旗下产业板块众多，形成以地产、雅生活、环保、雅城科技、房管、资本投资、商业管理以及城市更新为主的雅居乐八大产业集团，各产业板块业务系统呈现"烟囱林立"的现状。

在此情形下，由于每个产业板块均使用不同的 ERP 系统，因此即使在 2018 年雅居乐财务共享中心建设运营后，仍需要通过开发接口的方式对各产业板块系统进行并联对接。基于此，虽然通过开发接口的方式能实现数据的有效联通，但受限于接口端众多的问题，呈现"蜘蛛网"状错综复杂的形态，削弱各产业板块数据的连通性，形成业务壁垒。

在此背景下，由于各产业板块间的业财信息垒起高墙，导致子公司未能及时向雅居乐集团总部实时共享相关业务与财务信息，致使数据反馈严重滞后；同时，由于各产业板块应用业财系统不同，数据从输入、处理到输出三大流程未形成统一的标准，在标准不一的情况下，造成各产业板块的数据标准口径不一致。即便雅居乐已基本完成基础信息化系统的初步建设工作，并且已具备数字化分析财务数据的能力，但基于数据标准口径的不一致，将导致集团财务分析人员在整理各产业板块提供的财务数据时，由于标准不一，需要财务分析人员耗费大量时间用于整理数据工作，严重影响集团财务工作效率，导致企业财务数据的质量大打折扣，丢失数据的时效性，削弱雅居乐利用数据实施数据治理的有效性。

②人为干预业务流程，削弱数据分析价值。

以雅居乐核心业务板块房地产板块销售房产业务流程为例，从录入收款销售房产收款数据、应收与实收数据核对、收款票据审核、付款凭证审核以及应收核销等流程都需要工作人员进行干预，如图1-2所示。

图1-2 雅居乐早期销售房产业务流程

由于人为干预销售房产业务流程现象较为频繁，因此在此业务流程中常存在因人力堆砌而造成人力资源浪费问题以及由于人为操作过多，难以控制处理业务过程中出现的人为差错以及业务流程舞弊等问题。一方面，由于雅居乐以房地产销售为主要收入来源，销售房产业务具有跨区域、业务量大、类型杂的特点。雅居乐销售房产业务流程的运行对于人工操作的依赖性极高，几乎所有流程都需要人工操作进行核对、审批方能进入下一流程节点。大量的业务处理任务给财务人员带来巨大的压力，财务人员需要对自身负责的业务流程具有充分的了解和快速操作能力才能尽量避免出现业务差错，存在较大的业务处理差错风险。另一方面，由于该笔业务处理核对、审核阶段皆由人工亲自完成，且该业务具有数量繁杂的特点，因此对于财务人员核验相关数据、单据的真实性的有效性大打折扣，在此流程存在业务流程舞弊风险。雅居乐业务处理流程因人工干预频繁，而引致业务处理差错与业务流程舞弊等风险的存在，将影响雅居乐业务财务数据的真实性与准确性，严重削弱数据的分析价值，不利于企业开展数据治理。

会计数据作为重要的数据资产，为雅居乐制定决策的管理层提供重要的决策依据。由于雅居乐早期共享服务中心是交易密集型系统，只负责低端、大量的操作类功能，忽视对数据资产的存储与利用。随着人工智能技术的成熟，利用人工智能等技术手段对信息系统以及业务流程进行信息化改造，从而加强会计数据的整合分析，及时准确反映企业总体运行状况，为管理层分析决策提供依据具有可行性。因此，建设财务中台，统一财务信息标准与口径成为雅居乐提高数据资产分析价值与数据治理有效性的重要途径。

(三) 雅居乐财务中台建设目标

雅居乐财务中台的建设目标是顺应潮流，依据政策导向和自身集团情况设定的，其财务共享服务中心主要以调整财务管理结构并对其进行自主优化的方式，逐步降低集团运营所需的财力、人力成本并且做到防范财务风险，从而达成在财务系统上创新、高效、稳定的目标。雅居乐集团"1+N"战略以建立会计智能核算中心、税务大数据中心及自动化卓越创新中心三大中心为目标。

雅居乐集团先选择"计算"—"分析"—"服务"的步骤对集团财务系统进行改革，由浅到深、由点及面地对这三大中心目标进行战略的布局与实施。随着雅居乐财务共享的进一步成熟，对利用智能技术实现基础业务操作流程进行自动化处理，将财务共享中心建设成为整个财务流程化的标准管理中心，对整个集团的财务核算业务的标准化流程及其对应的管理制度进行设计提出要求。

(四) 雅居乐财务中台建设历程

1. 财务中台建设起步期

在财务中台建设起步期，雅居乐以前瞻性的科学规划为基础，以费用报销业务的快速上线推动财务共享服务中心的有效运作。在这一阶段，雅居乐从最简单的费用报销业务流程入手，在8个产业集团及上千家公司陆续推进并上线了费用报销模块（见表1-2）。

表1-2　　　　　雅居乐财务中台建设起步期项目汇总

核心工作	推进成果
项目启动或选型	控股财务中心牵头成立财务共享中心筹备小组；启动财务共享咨询及系统平台招标
财务共享服务中心初期人员到位	财务共享服务中心初期各职能组管理岗人员到位
完成财务共享咨询	完成财务共享服务中心建设咨询（财务共享业务流程、权责分工、管理制度、信息系统、智能应用等规划）
财务共享平台开发	完成共享平台系统功能开发（试点）

2. 财务中台建设成长期

在财务中台建设成长期结算，雅居乐以智能IT技术为手段，以产业集团为单元开展全核算智能共享。在这一阶段,通过 RPA、OCR、Tensorflow、电子签章等先进的人工智能技术实现雅居乐旗下 8 大产业集团及合作公司应收、应付、总账等全核算模块智能化改造。并基于不同产业集团业务的特点,对不同产业集团的核算模块均采用不同的工序流程实施智能化改造(见表 1-3)。

表 1-3　　　　雅居乐财务中台建设成长期项目汇总

核心工作	推进成果
智能费用报销全产业上线	完成 8 大产业集团费用报销业务上线;通过智能付款、影像扫描及传输,实现发票全票面信息的自动稽核,并达到了自动校验重复和真伪的效果
启动财务中台规划	启动数字化财务中台规划,并出具规划方案及数据中台技术方案
地产集团全核算业务全国上线	完成地产集团全核算全国上线,覆盖 300 多家全资公司及联合营运公司
费用报销机器人客服上线	应用智能机器人客服,实现费用报销 7×24 小时在线指导及查询,减少人工操作

3. 财务中台建设突破期

在财务中台建设突破期,雅居乐以财务中台为载体,以业务模块为单元进行全核算整合。目前,雅居乐正在步入财务共享创新深水区,通过搭建"财务中台",全面打通各产业业务壁垒和财务核算壁垒,以业务模块为单元整合各产业板块的业务流程,横向打通,纵向到底,极大地提升业务处理效率(见表 1-4)。

表 1-4　　　　雅居乐财务中台建设突破期项目汇总

核心工作	推进成果
地产集团财务中台上线	推广应用财务中台上线(费用报销、税金核算、应收应付)
启动财务大数据平台上线	应用财税大数据平台,实现可视化分析及展示,并实现了核心指标数据的预警提示
雅城集团财务中台上线	推广应用雅城集团财务中台上线,覆盖 100 多家全资公司
启动跨境资金池及跨境结算	启动跨境资金池及跨境结算项目
卓雅集团财务中台上线	推广应用卓雅教育集团财务中台上线,覆盖 240 多家全资公司
启动其他产业集团财务中台上线	推广应用其他产业集团(商业、环保、房管、资本等)财务中台上线

三、雅居乐财务中台实施路径与效果分析

(一) 基于"三台合一"的财务中台整体框架

1. 雅居乐实施财务中台建设基础

在雅居乐财务共享服务建设早期，在智能化的背景下，由于集团较早将智能化作为企业财务共享服务中心的发展中心战略，并以建设会计智能核算中心、财税大数据中心以及自动化卓越创新中心为目标，希望通过人工智能技术，推动企业整体运营的高效性。因此在财务中台上线前期，雅居乐财务共享中心便陆续应用 RPA 财务流程机器人技术、OCR 光学字符识别、电子签章等人工智能技术，优化早期雅居乐财务共享中心业务模块的功能组合，通过逾 400 项 ESP 接口实现雅居乐财务系统、业务系统数据的高度集成，进一步提高雅居乐集团各产业板块业务财务统一管理、财务流程规范性以及数据的标准性（见表1-5）。通过前期对人工智能技术的开发与利用，雅居乐旗下各产业链条已建成相对较为成熟完善的业财一体化系统，并逐步解决过去由于集团多元化发展带来的各产业板块业务系统、财务系统接口标准不一导致的无法形成数据统一管理与监控的问题。在此背景下，雅居乐财务业务流程趋于标准化、规范化以及智能化，为后期雅居乐财务中台系统上线积累丰富的技术基础与组织基础。

表1-5　　　　　　　雅居乐财务中台建设前期应用系统汇总

应用系统	推进成果
智能费用报销系统	实现雅居乐集团全产业板块费用报销业务上线；实现费用报销发票信息的自动稽核、自动校验功能
费用报销智能客服系统	实现费用报销在线指导、查询自动化处理
地产板块全核算业务系统	实现统一地产板块旗下 300 多家全资公司全核算业务系统
地产集团智能财务系统	实现应收账款实时核对、智能退款等自动化财务流程应用场景
无人值守机器人平台	实现账务账套、系统授权、自动对账、结算等流程自动化处理

2. 以"三台合一"推动数据标准化建设与数据治理进程

雅居乐财务中台的建立是雅居乐集团针对自身业务财务流程进行颠覆式改革的成果，是基于雅居乐前期财务共享中心建设中的基础架构，利用信息技术实现雅居乐业务财务系统的高效稳定运转。同时，通过搭建财务中台，横向打通，

纵向打底，全面打通雅居乐各产业板块系统不一导致的业务和财务数据壁垒。

雅居乐新业务财务体系由雅居乐业务前台、雅居乐智能财务中台与雅居乐财务数字化平台三部分组成，其中作为业务与财务沟通的桥梁，雅居乐智能财务中台在雅居乐整体业务财务系统中起承前启后的作用，由业务中台（财务共享中心）、数据中台以及智能中台三个中台组成（见图1-3）。

财务中台作为整个企业集团业务财务系统框架的核心模块，其成功构建与实施是雅居乐集团借助人工智能技术与信息化思想，收拢旗下各产业板块的业务财务系统，统一业务财务数据标准，重构雅居乐财务信息系统，实现集团财务数据向数据价值化方向转型，帮助雅居乐集团利用业务财务数据实现数据治理，发挥数据的治理价值。

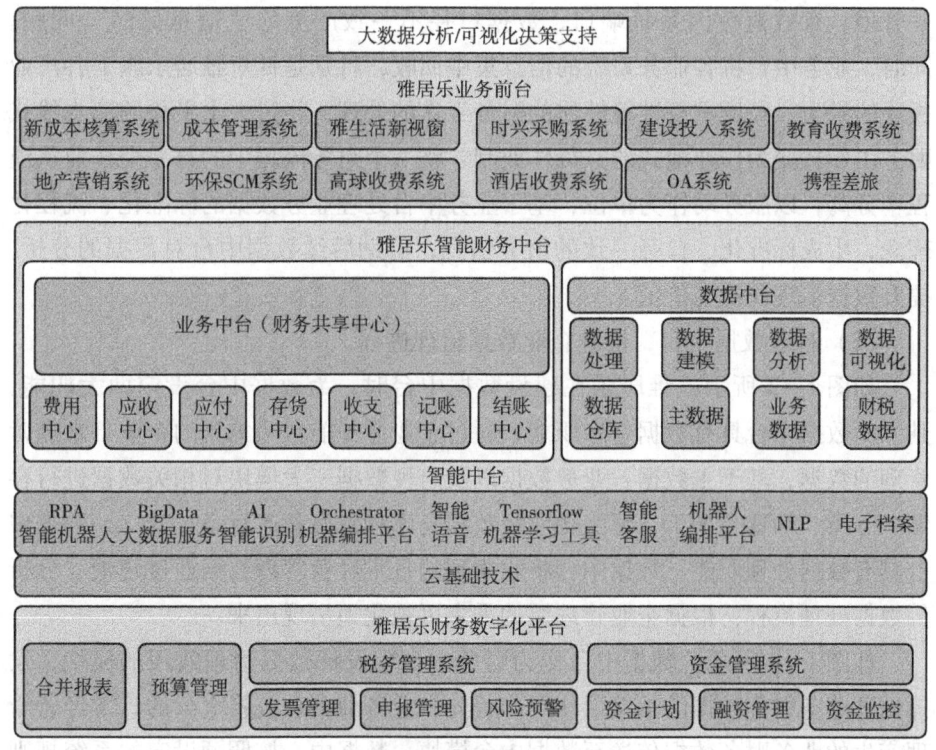

图1-3　雅居乐财务中台结构

资料来源：雅居乐财务中台构造整理绘制。

（1）打造业务中台，实现业财数据标准化。

一方面，由于雅居乐旗下产业板块众多，各产业板块业务系统呈现"烟囱林立"型现状，尽管各产业板块系统间开发并对接许多集成接口，但受限于接口端众多，呈现"蜘蛛网"状错综复杂的状态，导致业务数据联通性较弱，存在数据壁垒；另一方面，由于雅居乐各财务业务使用的系统不一，导致业务系统的数据标准、数据口径难以统一标准，使用数据分析时常存在缺乏真实性与实效性的问题，削弱了雅居乐利用数据实施数据治理的有效性。

基于此，立足于建立会计数据标准体系的宗旨，根据图1-3雅居乐将业务中台打造为财务中台中对接前端业务接口的平台，事实上，雅居乐业务中台是基于前期集团财务共享中心设立的，拥有费用中心、应收中心、应付中心等7个业务中心。业务中台作为财务中台对接各项前端财务业务的处理层，负责与雅居乐多元化业务前台中的新成本核算系统、成本管理系统、雅生活新视窗等12项业务系统实现业财数据的衔接，强化对各产业板块业务财务信息的统一管理，有效避免因系统端口、数据口径不一致产生的"信息孤岛"问题。同时，业务中台将各业务系统的信息集中回收，特别是针对雅居乐旗下各产业板块的量大、高度重复性等性质的财务工作的处理，将过去水平化的流水线式财务工作转变为作业池式的并行作业制，将一个财务流程中的每一个作业从流程中分离，以服务动作为单位，基于业务中台处理业务数据的标准化、流程化理念，生成标准化、口径一致的财务信息，协助后续数据中台对数据的分析，提升数据治理质量与价值。

(2) 打造数据中台，推进企业数据治理进程。

如图1-3所示，雅居乐在建设数据中台时，为数据中台设定两大职能：其一，数据中台具有数据仓库职能，通过企业业务前台采集到的企业日常经营管理的数据，基于主数据、业务数据以及财税数据三大模块对相关数据进行存储、分类、筛选与加工，建立企业级数据仓库和数字资产目录；其二，数据中台具有数据处理职能，数据中台将收集到的日常经营管理数据通过建模、分析等数据处理流程，根据企业管理层的需求可视化地呈现出来。

如图1-4所示，数据中台作为财务中台中发挥数据治理效用的模块，发挥处理业务财务数据的承接层作用。首先，业务前台系统将大量的日常经营管理产生的业务财务数据传送至数据中台模块，数据中心按照预设定的系统规则对杂乱的数据进行结构化梳理、清洗、萃取及业务处理等工作，向业务中台提供萃取后的业务数据，并由业务中台产生财务数据元素，由数据中心进行处理，最终反馈至各业务前台系统。数据中台的建设实质是依靠新兴的人工智能技术的应用，通过数据仓库与数据处理两大职能，重构雅居乐业务财务数据的规范性，推动集团雅居乐多元化产业板块日常经营管理数据的高效整合，为大数据分析奠定基础。其次,数据中台通过沉淀、管理雅居乐业务财务数据,构建业财数据分析模型,挖掘其中内含的数据资产的价值性,产出宝贵的数据资产,用数据进一步支持经营决策,从而发挥数据治理的最大效用。

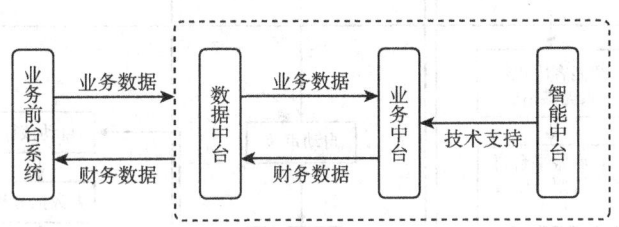

图1-4 雅居乐财务中台运行路径

(3) 打造智能中台,助力业务流程自动化。

如图1-4所示,智能中台作为财务中台的技术模块,为业务中台与数据中台提供智能化、自动化的数据处理服务,在支撑着业务中台与数据中台实现全流程自动化处理中发挥主心骨作用。

基于核算智能化、对账智能化、核验智能化、流程智能化以及服务智能化五大维度的建设宗旨,雅居乐财务中台全自动化处理流程涉及逾30项业务自动化处理场景,智能中台囊括 RPA 智能机器人、BigData 大数据服务、AI 智能识别以及 Orchestrator 机器编排平台等逾10项人工智能技术,已应用并构建 RPA 智能付款、售楼实收款数据智能核对、员工费用报销等无人化业务处理场景。

打造智能中台的初衷既是为业务中台、数据中台提供智能技术支撑之余,也是为实现基础业务全自动化的必然之举。一方面,通过打造智能中台,实现业务全流程自动化,将财务人员从基础性工作中解放出来,转而实施价值性更高的数据分析工作,实现财务人员职能的快速转型;另一方面,通过将基础性业务无人化,能避免人为操作过程中存在的失误与舞弊等现象,提升业务财务信息的真实性,为数据应用于数据治理奠定基础。

(二) 基于财务中台的业务流程应用概述

1. 费用报销业务流程

以费用报销业务流程为例,费用报销作为雅居乐财务共享中心智能化的突破口,是所有业务流程中较早实现流程自动化的业务。从图1-5雅居乐费用报销业务流程图可见,雅居乐费用报销流程由发起业务阶段、费用报销阶段以及核算归档三阶段组成。

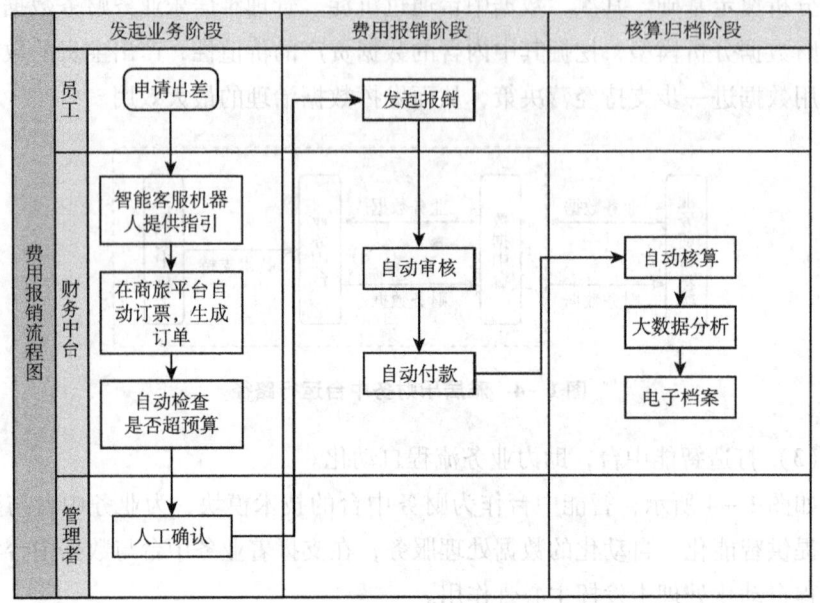

图1-5 基于财务中台的费用报销业务流程

（1）发起业务阶段。

在发起费用报销业务阶段，首先，有出差需求的员工通过财务中台中费用报销平台的智能客服机器人获取费用报销指引；其次，费用报销平台将根据员工的实际出差需求，与商旅平台交互员工的基本资料，依据出差申请单，自动生成订单；最后，由平台对该笔订单是否超出基本预算进行自动化检查，检查无误即推送给部门管理人员进行人工确认。

（2）费用报销阶段。

在费用报销阶段，首先，由员工在费用报销平台发起报销并提供相关费用报销单据，平台将应用AI图像识别技术并基于相关算法模型与预设定的规则对发票真伪等情况进行查验；其次，应用财务机器人依据预设定的规则，对报销人所属单位、会计科目、相关可抵扣税款等情况进行自动校验；最后，通过RPA智能付款模块，对报销人予以付款。

（3）核算归档阶段。

在核算归档阶段，首先，财务机器人应用RPA智能核算模块，自动生成并审核相关费用凭证；其次，财务机器人将针对费用信息，生成费用结构等可视化分析图表，并由RPA财务机器人定时推送可视化图表；最后，财务中台对上述业务进行自动电子存档。

如图 1-6 所示，即便在财务中台建设前期，雅居乐便以费用报销业务作为财务智能化的突破口，较早应用 RPA 智能财务机器人技术、OCR 图像识别等技术实现费用报销流程的自动化。在基于财务中台下的雅居乐费用报销业务流程中，数据标准化与数据治理成为财务中台建设下对费用报销业务流程处理的新要求。在费用报销业务流程中，通过与商旅平台端口对接、应用 AI 图像识别以及 RPA 智能财务机器人技术等手段实现费用报销全业务流程的自动化处理，降低人为对数据干预带来的风险，保证数据价值。另外，通过数据中心自动生成费用结构等可视化分析图表的流程，事实上是对数据进行沉淀、筛选的过程，从而向管理人员提供可视化的财务数据分析图表，发挥数据治理效用。

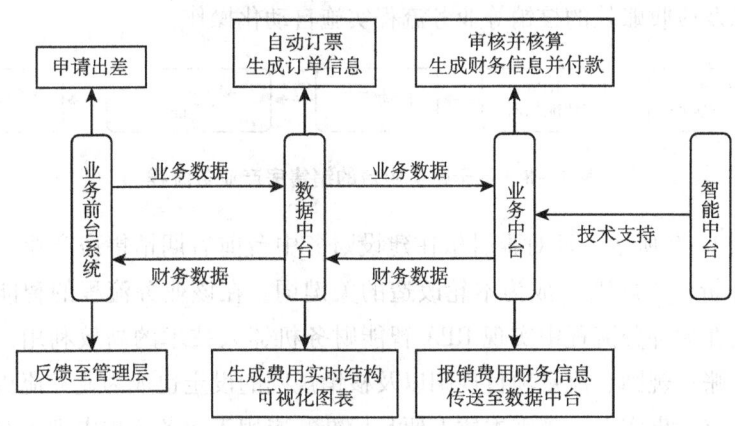

图 1-6 雅居乐财务中台费用报销流程

2. 销售房产业务流程

作为房地产企业，由于雅居乐房地产项目遍及全球各地，因此房地产业务自始至终是雅居乐实施数据标准化与数据治理无可回避的重要环节。其中销售房产业务作为雅居乐房地产业务主要营收渠道，对于该业务流程的智能化改造更是本轮财务中台项目建设的重点。

早期，雅居乐销售房产业务流程主要以人员参与为主。如图 1-7 所示，房地产项目房产销售人员在销售房产后，在售楼系统中录入收款数据，后续应收与实收数据的核对、收款单据的审核、收款凭证的审核以及应收账款的核销都由人工进行处理。基于人工操作的销售房产业务流程，因人为干预业务流程频繁，易产生业务财务流程舞弊、人为操作失误等风险。

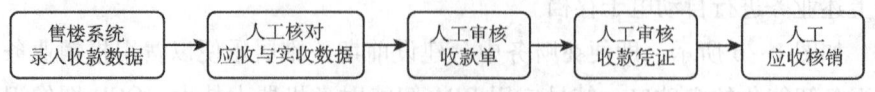

图 1-7 雅居乐早期销售房产业务流程

针对上述问题,雅居乐在应用财务中台改造销售房产业务流程时,对人为干预流程频繁的问题,应用 RPA 智能财务机器人等技术对业务流程进行改造。

如图 1-8 所示,目前房产销售业务流程主要以"人工+机器人"为业务处理主体。售楼业务人员首先通过在明源 ERP 系统录入售楼相关数据;其次,应用 RPA 智能财务机器人对相关单据进行自动化核对;最后,根据预先设定的阶段规则、账户规则、流量项目规则以及核销规则,针对收款单、生产与审核凭证以及应收账款的核销等业务流程实施自动化操作。

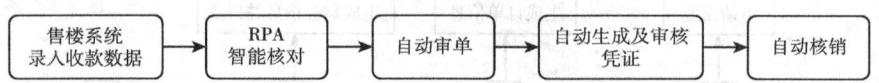

图 1-8 基于财务中台的销售房产业务流程

如图 1-9 所示,针对雅居乐在建设财务中台前后期销售房产业务流程进行对比分析,"规则"成为本轮改造的关键词。在该业务流程的智能化改造中,不仅在大部分流程中实现 RPA 智能财务机器人技术的高效利用,对于结算规则、账户规则、流量项目规则以及核销规则的设定也成为业务流程智能化改造的重点。事实上,规则本质上便是标准,应用于业务流程中则是对业务流程与业务流程所产生的业务、财务信息的标准性与规范性的内在要求。雅居乐

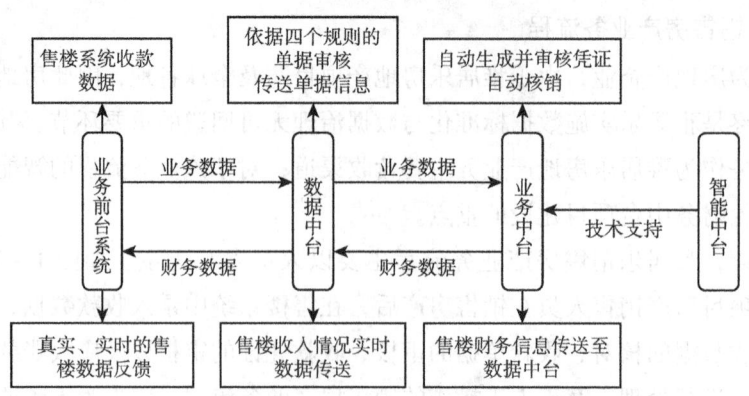

图 1-9 基于财务中台的雅居乐销售房产业务应用流程

通过制定在销售房产业务流程中输入环节、处理环节与输出环节的会计数据标准，有利于构建自身会计数据标准体系，从而推动企业自身通过利用会计数据实施数据治理的能力建设。

(三) 财务中台实施效果优越性

1. 财务中台对工作效率的影响分析

(1) 业务处理效率分析。

表1-6列示了财务中台实施后雅居乐部分业务处理的效率变化情况。

表1-6　　　　　　　雅居乐业务处理效率变化情况

业务类型	财务中台建设前处理时长	财务中台建设后处理时长
资金支付	1个工作日	2小时
报销费用	5~7个工作日	3~5个工作日
应付账款结算	2~4周	1~2周
业务准确率	98.4%	100%

(2) 业财融合情况分析。

当前从雅居乐集团财务共享服务中心运行情况来看，其业财融合程度略高于行业水平，主要表现在业务数据与财务数据较为契合，拥有一批素质较高的业财融合专业人员。否则，业务数据与财务数据不契合，财务业务融合程度低，将会影响财务人员对业务的分析能力，延迟财务人员进行财务报表的汇编工作，造成业务的积压，降低工作效率。雅居乐在财务中台引入后为促进业财融合，主要做了以下两方面的努力：一方面，要求财务人员融入业务部门，了解熟悉业务并做出相应的数据分析；另一方面，雅居乐集团财务中台的业务流程规划比较合理，并将现有的流程制度在执行上落到实处，要求员工关注流程制度的细则。

如表1-7所示，从集团2017~2021年成本费用情况表可以看出，随着财务中台逐步运营，相比2018年，集团2019年管理费用与总资产之间的比值有所下降。管理费用与总资产比值的下降意味着每一单位资产所耗费的管理费用减少，可见财务中台在成本节约方面初见成效。然而2019~2021年该比值比搭建财务中台前略高，期间费用对利润的侵蚀较为明显。2020年是国内中台"降温期"，在经历2019年的财务中台"火热期"后，尽管中台进入了成效期,但是很多企业由于盲目跟风进入中台,导致部分项目没有达到预期效果。因此,雅居乐应明晰自身需求,切勿盲目追随,加强财务中台在费用控制方面的降本增效能力。

表1-7　　　　雅居乐集团2017~2021年成本费用情况

年份	2017	2018	2019	2020	2021
营业成本(亿元)	309.20	314.71	418.81	561.43	540.13
销售费用(亿元)	22.59	23.18	20.26	23.85	31.02
管理费用(亿元)	20.46	29.10	39.99	52.35	40.04
财务费用(亿元)	8.99	27.44	25.30	10.4	14.14
总资产(亿元)	1 633.58	1 969.00	2 732.31	3 137.65	3 165.79
管理费用/总资产	0.189278	0.159832	0.153261	0.178933	0.17064

四、雅居乐财务中台实施难点与保障机制

(一) 实施难点

1. 业财融合问题

雅居乐集团经过十多年的信息化建设,已经完成各类基础信息化系统建设,具备数字化分析和处理的数据基础条件,但之所以还得依靠大量人工处理数据,其主要原因还是现有系统在数据处理层面有着诸多限制,以至于财务与业务无法有效融合。其具体表现在IT系统上目前雅居乐各成员单位的财务处理是架构在以总账为核心的数据基础上的,丢失了追溯业务单据级和明细级的能力,因而无法追溯到业务各交易环节,财务处理就成为无源之水,也进一步会造成会计处理、报表、报告、分析等方面大量需要人工处理的窘状。

2. 流程管理问题

财务中台不仅仅是一个财务集中化管理的概念,同时需要具体的操作流程来确保其能够有效实现,雅居乐集团业务综合性较强,流程管理便自然而然成为集团创建财务中台过程的难点。具体而言,流程管理的难点体现在以下两个方面:一方面,在加强企业管控、严格审批流程基础上,避免流程加长、业务量增多;另一方面,在全面实现全员提单、管理全面化、数据规模扩大化的前提下,如何避免各业务部门工作量及操作量加大,从而影响财务管理工作效率提升。

(二) 保障机制

1. 优化流程，共享资源

雅居乐财务中台的搭建以一套全新的财务管理流程为基础，因此需要对企业原有的财务管理流程进行优化与再造。具体来说，在意识到需要对原有业务流程进行优化与再造时，雅居乐首先将分散在各部门的财务核算、结算进行分析，对业务部门提出有用的建议，保证预算编制的合理性。其次，在预算编制完成后，授权财务部门是主要执行单位，但不是唯一的执行单位，在预算执行过程中，对业务部门的工作进行了解跟踪，对预算的情况进行反馈。最后，充分发挥员工的积极性和主观能动性，建立全面的预算管理，保证预算工作的有效性与科学性。

2. 统筹人事，协调利益

在雅居乐财务中台建设形成的共享服务模式下，人力资源合理分配至关重要。当前，雅居乐集团公司财务共享服务中心拥有超过200名全职员工，不仅为雅居乐集团八大集团及关联公司提供完整、规范的财务会计服务，而且作为自动化卓越创新中心（COE），实现数字化、智能化、自动化的业财融合。这归功于雅居乐在搭建财务中台初期时，高度重视人员分流、招聘、提升、培训等各项工作，解决职工核心利益问题，获取各成员单位和基层员工的全力支持。2018年10月，雅居乐财务中台项目初步启动之际，仅用三个月，由控股财务中心牵头，迅速成立了财务中心筹备小组，各职能组管理人员也落实到位。首先，科学制订职工薪酬和绩效考核体系，并且积极引导职工树立支持变革、倡导变革、参与变革的责任精神，保证员工能够作为核心参与者与推动者，贯穿雅居乐财务中台建设的全过程。

五、案例思考

（一）雅居乐财务中台关键价值因素

1. 保证前期基础化建设

（1）保证团队执行力，护航中台"始发站"。

财务共享作为雅居乐数据中台的前期建设基础，其强大的建设执行力是财务中台建设的有力保证。雅居乐集团从2018年年中开始进行财务共享中心的项目筹备，包括成立财务共享设计规划工作组、人员调动工作及咨询方招标。在项目正式成立后，雅居乐集团则聘请了普华永道作为项目咨询方，为雅居乐财务共享中心的建设进行前期调研工作，同时选用与雅居乐达成长期合作关系的用友软件来协助其财务共享服务平台建设。如图1-10所示，雅居乐在短短两年时间内，8个产业的财务共享便已全部上线完毕。众所周知，推进企业的数字化水平建设，打通业财流程之渠，重搭组织积木并从而实现数字化转型并非易事，其建设周期基本上会达到3~4年。在转型高成本、组织重组及流程再造困难等阻碍的影响下，企业财务转型可能会推进困难，进而导致企业的财务数字化水平提升动力不足，无法为企业的财务中台建设及智能财务的转型提供良好的建设基础。因此，企业若想启动财务中台的建设开发，首先需要高层的转型意识以及规划决心，做好财务共享服务中心的建设工作和后续保障，并将明确细致的战略规划以及工作建议细化至中层管理层及各部门基层员工，保证中层管理团队的协调能力和基层的执行效率，彰显企业整体的团队执行力。

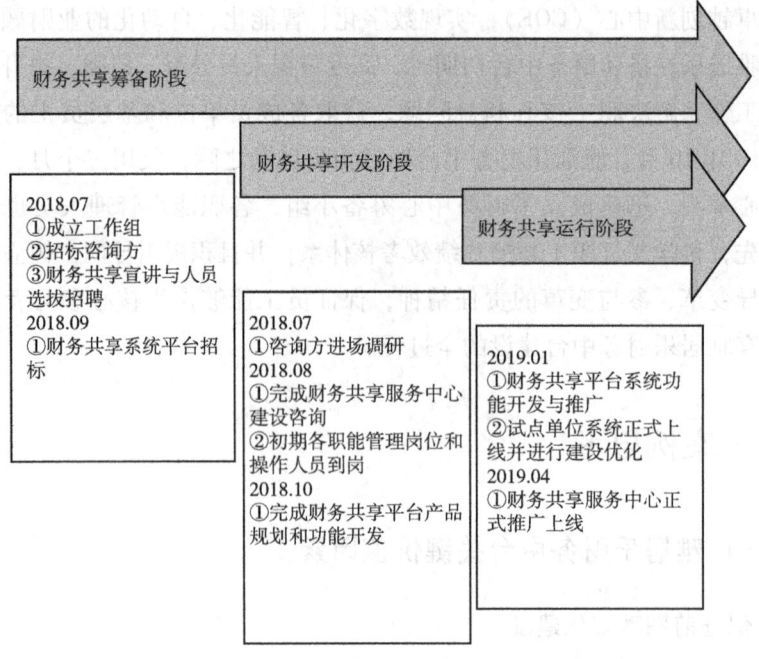

图1-10 雅居乐财务共享中心建设阶段进程

(2) 建设共享信息系统，注入中台"燃油站"。

在雅居乐建设财务中台之前，其所拥有的各产业板块已具备较成熟的业财融合系统，且财务工作的规范化程度较高，为业务和财务之间的数据融通打通了数据接口，具备了一定的数字化核算基础。在财务中台的建设前期雅居乐便已全面应用了9大财务类信息系统（财务核算、固定资产管理、资金管理、投资管理、融资管理、合并报表、全面预算、税务管理和财税大数据分析平台），以及53个业务系统（售楼系统、成本系统、工程管理系统、采购系统、SAP环保生产系统、酒店系统和高球收费系统等），并同时通过430多项ESP接口实现了业务数据与财务数据的有效对接，为财务中台建设夯实了建设基础。雅居乐部分财务类信息系统业务内容如图1-11所示。

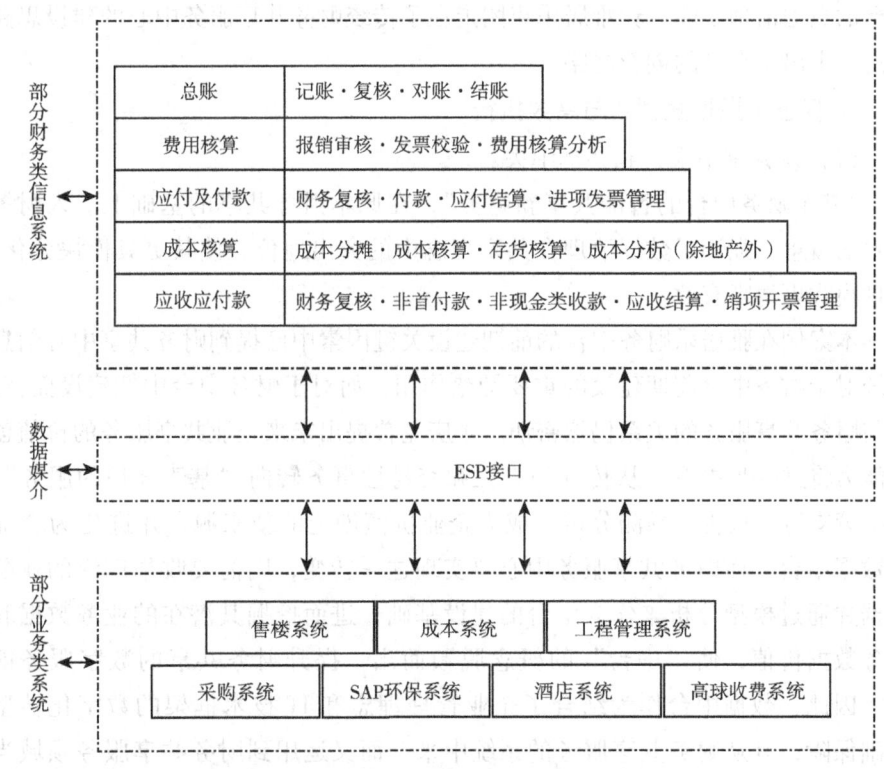

图1-11 雅居乐部分财务类信息系统业务内容框架

在雅居乐财务中台的应用中，其不仅将交易业务从数据层面进行了全面的结构化梳理、定义和清洗，同时还建立了大量交易业务模型，如地产板块的收入类业务及成本类业务抽象后形成189项交易业务模型，40项主数据维度，

500多项颗粒化业财数据，而这些基于财务中台的业务数据的梳理并非仅仅通过财务中台一蹴而就，而是需要在建设前期具备相应的数据系统，如在前期就已收集到一定规模的地产收入和成本数据，对交易业务的类型和流程已做好相应的划分与梳理。因此，想要顺利建设财务中台，在建设前期具备一定的财务共享信息系统建设基础，依据实际情况和管理需求，保有企业自身财务与业务流程数据存储量与流程梳理，最终为财务中台的架构、职能定位、系统搭建及数据治理方向提供前行之路。

因此，不管是财务共享服务中心还是财务中台，在建立伊始，雅居乐便开始思考如何以更先进更高效的方式驱动财务管理模式的创新，并在建设之路上注入强劲的执行动力与开发效率，而财务共享服务中心的系统构建更是为财务中台的数据治理赋能，让雅居乐集团走在了传统财务共享服务中心的建设思路前沿，走出了自己的创新之路。

2. 保证中期模式创新与高效执行

（1）从共享中来，到共享中去。

"基于财务中台的智能共享新财务"，在原本财务共享的基础上引入财务中台的概念，强调了数据治理在共享理念中的突出地位，使其更具模块分化，管理模式更清晰有效。

本案例在雅居乐财务中台的前期建设关键因素中已提到财务共享中心信息系统对于财务中台前期建设的重要铺垫作用，而对于财务中台中期建设而言，其与财务共享服务的关系仍然密切。张庆龙曾提出未来企业共享服务的价值创造能力将进一步提升，从传统的人工和交易性事务转向"基于知识的服务"，如决策支持、报告、预测分析等成为企业价值创造的新来源，并进化为企业的数据中台。而财务共享服务中心要实现这一转变，则需要收集广泛的业财数据并通过模型分析来作为中台的建设基础，进而挖掘其潜在的业务数据和财务数据价值，使"中台"的概念脱颖而出，提升财务共享的数字服务能力。因此，数据中台作为结合了企业管理理念和IT技术框架的数字化转型基础保障，其从财务共享服务的系统中来，而又运用到财务共享服务领域当中去，并驱动着财务共享服务的数字化转型，进而为企业财务数字化转型助力（见图1-12）。

再纵观雅居乐的财务中台中期建设，其首先是以"基于财务中台的智能共享新财务"为其发展核心，在传统财务共享服务中心的建设基础上引入财务中台构建理念，强调了数据治理在共享理念中的突出地位，通过信息系统的

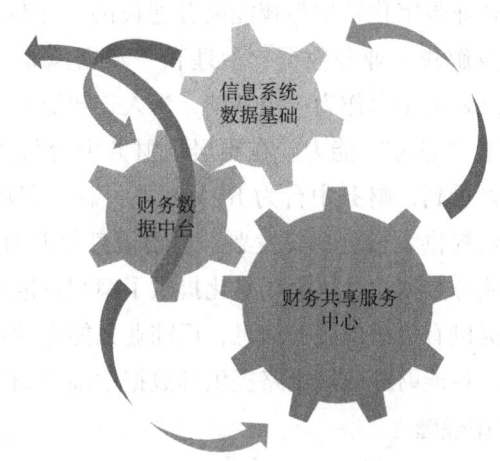

图 1-12　财务中台与财务共享服务建设关系

统一重构与新兴技术的应用，使财务中台能够实现业财数据资产的储蓄、筛选、加工和分析，建立企业级数据仓库和数据资产目录，实现数据资产化，让基于财务共享的财务管理模式创新所发挥的作用不仅仅专注于企业业务与财务流程的效率提升和资源整合，而且实现了企业大量的数据收集与高效的数据处理能力，并且实现针对数据服务的共享，从数据治理的思维角度中获得数据洞见，最终提升雅居乐财务共享的数字服务与价值导向能力，而这也正是雅居乐财务中台的建设理念与关键价值因素。

（2）明确战略定位，让中台"简单点"。

财务中台作为对企业经营信息做提炼分析的数据"中转站"，若过分追求中台技术架构的建设，融入过多的计算机专业语言对操作人员的计算机编程技术有较高要求，忽略业财人员运用财务中台解决实际业务中的工作与分析需求，则反而背离了财务中台的建设初心。因此，企业财务中台的战略定位应着重考虑业务人员与各部门间的合作组织战略，将财务中台技术真正落地。

在雅居乐财务中台建设过程中，其秉承"把复杂事情简单化，简单事情规范化"的设计原则，改变传统软件单调且烦琐的操作方式，功能清晰简洁、友好易用，使操作者能够方便操作并理解系统数据信息，将建设过程的易用性原则作为财务中台建设战略定位，使财务中台发挥其最大的实践效应。

（3）连接智能财务，共创中轴"财"智。

从共享中来到共享中去的财务中台并非仅仅一项计算机技术，而是数据处理的一套架构，在企业数字化转型与智能财务建设的"中轴集市"，其形成的数据处理架构为企业解决了业务数据化治理和"数据孤岛"的问题。而智能财务的转型，则将以财务中台作为应用基础，为人工智能技术场景化应用提供数据动能，增强数据"思考"能力。在雅居乐财务中台与智能财务中台的应用场景的连接中可以看到，财务中台为 RPA 智能付款、费用报销业务及售楼业务等实际应用场景提供大量订单、发票、售楼信息等业财数据，也就是说，财务中台令企业的业务数据化、决策场景化提供了精细且准确的数据信息，为决策者的科学决策提供有价值的服务信息，反哺业务能力的快速创新与灵活应对，为企业真正走向智能财务应用之路提供其数据中轴"财"智。

3. 保证后期实施保障

财务中台是基于信息化、数据化、网格化与智能化的数据治理中枢系统，因此作为数据前台的信息对接口，其储蓄的大规模企业商业数据在网络系统平台存在一定的数据泄露风险。因此，雅居乐在财务中台数据加密保护工作上，设置数据安全控制政策、系统应急管理制度与技术控制节点，保证网络通信系统的安全并做好重要业务数据备份工作，防范系统网络瘫痪甚至网络攻击，以免数据丢失。另外，在基于财务中台建设概念下的财务共享服务中心的人员分配也同样是雅居乐财务中台建设的后期保障力量，业务财务人员的专项人才招聘、分流、培训与后续学习成长跟进，以及组织上的优化归集，更为雅居乐财务中台后期建设汇聚了一条"护城河"。

（二）雅居乐财务中台未来优化建设路径思考

1. 构建微服务架构，点亮同类"微光"

雅居乐在财务中台建设的实践过程中，对面临的如丢失追溯业务单据明细造成的业财数据融合难、外部数据不对标等问题采取了有效解决办法，如对业务发生过程中的表单编码、表单名称、表单样式、表单数据项、数据项属性等进行梳理排序，从源头上解决业财数据融合对标问题，再通过抽取管理报表数据项及合并同类数据项，对数据项名称、含义、参考来源和使用维度等关键属性进行规范，从而顺利解决财务中台的建设重点。

然而，随着雅居乐企业规模的扩大和信息化覆盖度的提升，不光是业务数据与财务数据之间的统一标准建设极其重要，同类业务在同一分公司中在不同部门之间的数据属性甚至也存在差异，而如何归集大型企业集团在各个省区市间开展的同类业务之间的数据属性更是同样重要,也是未来财务中台的建设痛点,若强行将企业前端业务系统进行数据指标属性的统一替换,则将给各地的业务工作带来巨大的调整压力,不利于业务实际开展的效率。

因此,面对雅居乐在同类业务之间的数据治理工作,可利用财务中台的映射微服务,建立同类业务的语言转换中心,将其分散、标准不统一的数据再次根据表单梳理的方式进行数据统一抽取、清洗和转换,对同类业务进行二次细化分类,在二次分类中统一数据属性细节,以分化的各块"微业务"进行实时的数据分类、整理、加工,使其成为清晰有序、有条理、有脉络的同类业务微观信息,加载至财务共享业务中台。以雅居乐地产业务为例的雅居乐业务微服务架构思路如图 1 – 13 所示。

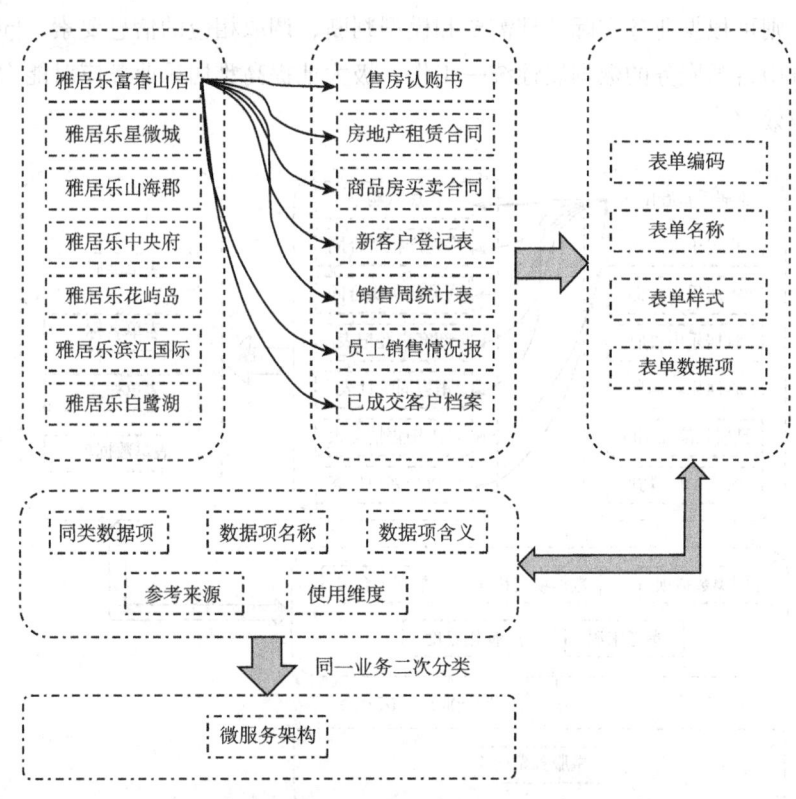

图 1 – 13 雅居乐业务内微服务架构思路

2. 业务治理元素化,拥有属性"便利贴"

在对业财数据及同类业务数据统一标准后,雅居乐可能仍面临不同业务需要同一信息要素的问题。获取某一要素的全面信息若需要通过各种关联计算才能满足业务需要,则数据的重复寻找提取时效长且成本高。盛妍、朱青等(2022)曾以国家电网为研究案例,从基础属性、客户行为和客户评估三个方面对电力全业务特征进行各类业务标签的归类与提炼,开展企业级标签体系设计,帮助客户标签与业务场景的有效衔接对应。

因此,基于学者根据国家电网业务标签体系的建设研究,以"业务数据化"为核心原则的业务元素化建设思路可作为雅居乐未来财务中台的数据提取优化方向。

如图1-14所示,通过将实际业务活动拆分为"元素"及元素属性值,实现用元素表达具体业务,同时将实际经营业务涉及的信息拆解为多个元素,以标签的方式对各个元素进行属性标记,并根据各个不同标签的元素信息进行组合,则可根据业务实际处理需要和模型判断,调取相应的信息要素,同时助力财务中台微服务的数据属性统一工作,极大地提高雅居乐业务应对能力和数据调取效率。

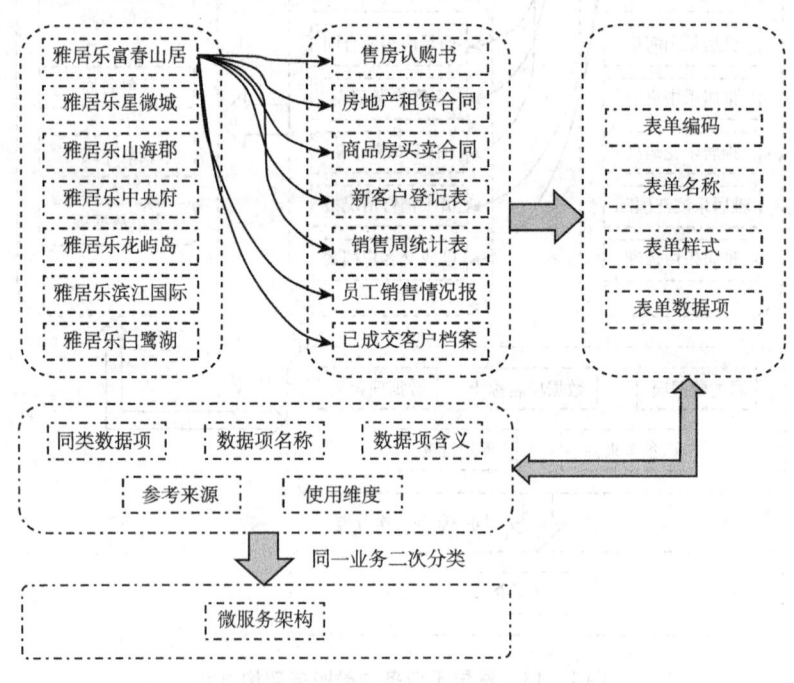

图1-14 雅居乐业务元素标签建设框架

3. 构建预算中枢纽,强化预算"大齿轮"

财务作为企业经营的重要风控官,其涉及的预算、资金、支付等贯穿于企业经营活动的方方面面。以预算活动为例,由于业务的分离,业务的预算活动需要在不同的业务系统中进行控制,但若预算在业务分离之下出现不同的偏离情况,则会使业务整体的预算调整在不同系统之间的对接相对困难。因此,在雅居乐财务中台未来的建设优化思路中,强调预算活动的集中控制微服务至关重要,通过建立财务的控制中心,以中台微服务的方式对同一业务中的预算活动进行预算、资金与合同支付的模块划分,统一进行控制服务,实现控制的检查申请,减少各前端系统针对预算控制的调整难度。

(三) 雅居乐财务中台对粤港澳大湾区企业数据治理意义思考

从当前粤港澳大湾区的数字经济发展状况来看,珠三角强大的制造业和服务业初步构成了以战略性新兴产业为先导、先进制造业和现代服务业为主体的产业体系。随着新一代信息技术服务的飞速发展,数字经济与新服务模式迅速发展,新经济逐渐发展壮大,截至 2018 年珠三角数字经济就已占 GDP 比重的全国第一,优质企业分布集中,大湾区企业数字化转型基础与动力强劲。另外,由于粤港澳大湾区"一国两制"的独特格局,其创新多元与灵活的发展模式与政策制度,有利于国内国际制度的高效灵活衔接,同时也对于内部融合发展提出了更高的要求。因此,对于珠三角的企业而言,除了在大湾区视域下财务共享的建设具有独特的地理优势与经济发展生态优势外,如何实现财务共享下的财会合作与数据对接融合成为湾区企业数据治理下的又一新思考方向(见图 1 – 15)。

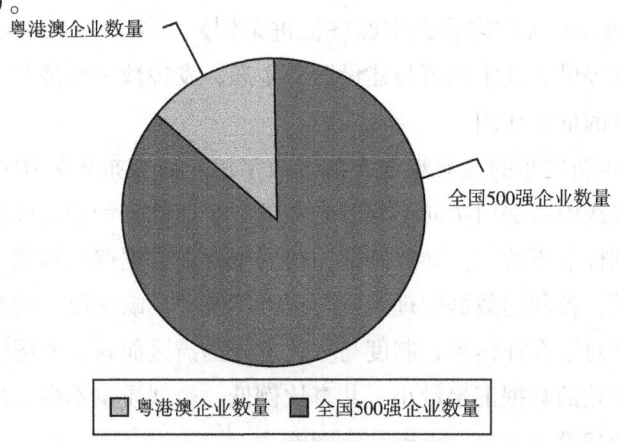

图 1 – 15　粤港澳大湾区优质企业聚集占比示意图

数据来源:2020 年粤港澳数字大湾区融合创新发展报告。

另外，根据2021年中国中台市场研究报告，我国中台技术开发厂商数量主要集中于经济发达地区，其中广东以19.7%的数量占比位居全国第一，且主要位于广东的珠三角地区，因此对于中台建设的技术开发基础而言，粤港澳大湾区较全国其他省区市有更多的中台建设资源与技术应用实践探讨机会，为大湾区企业建设财务中台提升数据治理效能提供有利机会（见图1-16）。

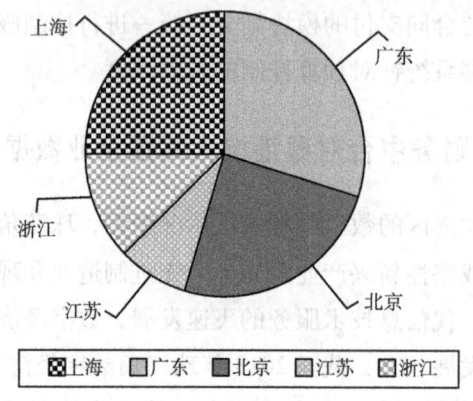

图1-16　我国中台技术厂商主要省区市分布占比示意图

数据来源：2021年中国中台市场研究报告。

在政策方面，近年来粤港澳大湾区重点探索数字经济创新要素高效配置机制，力争构建与数字经济发展相适应的政策体系与制度环境，助力数字湾区发展。2019年2月，国务院印发的《粤港澳大湾区发展规划纲要》中对企业优化创新要素配置做出了明确部署，为数字治理的发展奠定了坚实基础。而在2022年4月通过的《广东省数字经济促进条例》又为广东数字经济和数据资源开发与治理提供了技术创新与建设服务生态，发挥数字经济与数字治理对大湾区经济整体的推动作用。

从2022年新发布的《粤港澳大湾区数字治理研究报告》中可以看出，当前数据治理实践中跨部门协同不充分是大湾区企业数据治理建设实践存在的主要问题。规则标准不统一，导致跨部门协同中存在数据壁垒困境。面对日益复杂的信息规模，各部门数据管理规则与标准不统一，缺乏统一的数据资源整合标准，特别是对于存在体系、制度与文化差异的湾区而言，各部门无法实现数据标准对接导致的数据汇聚量小、共享比例低、数据质量不高，使湾区企业数据治理系统的规模效益也会受到一定影响。

雅居乐集团总部位于广东省广州市，其下属项目还分布于中山、佛山、香港、澳门等城市，是身处粤港澳大湾区房地产行业的重要企业，而大湾区的数字经济与数字治理战略布局更是给作为粤派"老牌房企"的雅居乐的战略目标与行动带来了变化。在当前市场追求多元化发展背景之下，雅居乐开展"1+N"运营模式为核心的多元化发展战略，紧跟《粤港澳大湾区发展纲要》对大湾区企业的发展指导战略方向，根据大湾区各城市定位与产业特征积极争取合作机会，为城市产业升级、产业转型与产业兴城发展战略起到实践模范作用。而雅居乐如何在外部经营战略上的多元发展所对应的内部治理进行优化升级，财务中台建设则是在响应政策及企业数据治理实践中的一项良好印证，推进粤港澳大湾区企业数据治理基础设施建设方案构思，其数字治理能力的展现与提升为大湾区企业在跨部门数据治理标准提供技术基础与建设可能，助力企业打开港澳交流合作发展机遇。

六、结论

在当前大数据信息化时代的大背景下，过去对于企业财务数字化转型中的财务共享服务已不再仅仅拘泥于"业财融合"，中台思想带来的企业组织变革与技术革新为企业如何在大量的数据浪潮与市场竞争下提升数据治理效能提供了新的机遇与方向。本案例通过对雅居乐财务中台的建设动因、实施路径、关键因素、后续建设思考与结合粤港澳大湾区企业数据治理意义进行研究分析后得出以下结论：

（1）对雅居乐财务中台建设动因而言，针对雅居乐企业内外部状况进行分析，发现雅居乐建设财务中台的动因主要基于外部政策导向与内部管理需求两个层面。在外部政策层面，国家各部委密集出台鼓励数字经济发展的相关政策和指导建议，尤其是"十四五"规划中对企业实现会计信息标准化，从而推进数据治理的要求，为雅居乐带来利用会计信息实现数据治理的新思路。在此背景下，雅居乐发现当前由于各产业板块均使用不同的ERP系统，面临业财信息标准不一、口径不一以及业务流程存在业务差错与业务流程舞弊等风险，严重削弱业财信息数据的真实性与准确性以及数据的分析价值，不利于企业开展数据治理。基于此，雅居乐希望通过人工智能等技术手段对信息系统和业务流程进行信息化改造，以打造财务中台的方式，加强业务流程的规范性与业财信息口径一致性，通过对会计数据的整合分析，为管理层分析决策提供依据。

（2）在雅居乐财务中台实施路径与实例应用中，雅居乐通过深度应用人工智能技术，打造以"财务中台"为核心的新财务共享平台。基于以业务中台、数据中台以及智能中台三大中台的相互协作，逐步实现"数据治理＋业务全覆盖"的目标，形成以数字化、智能化为特色的运作体系。通过针对费用报销、销售房产业务流程在财务中台中的具体应用分析，发现通过应用智能化技术与预设定相关规则，有效解决过去由于人为干预频繁等导致财务工作效率低下、数据口径不一等问题。同时通过数据中心对业务信息的萃取与可视化反馈，向管理人员提供可视化的财务数据分析图表，发挥数据治理效用。针对基于财务中台下的新财务平台体系的实施效果，发现尽管仍存在业财融合度较低、成本费用不降反升等问题，但在建设财务中台后，业务处理效率、数据准确性、完整性以及及时性得到较大提升，业财信息数据进一步标准化，有利于发挥数据资产价值，为管理人员提供可视化的数据决策依据。

（3）对于雅居乐财务中台建设关键价值因素，从其建设的前中后期来看，前期的财务中台建设关键在于团队高效地建设执行力以及较成熟的业财信息系统；中期财务中台建设关键在于突出数据治理在雅居乐共享理念中的地位，遵循中台的易读性建设原则，并推进中台概念在财务智能化的建设应用；后期财务中台建设关键则在于数据安全与人员分配保障。另外，在雅居乐财务中台未来优化建设思考上，本案例认为可从微服务架构建设、业财数据的标签元素化以及预算控制枢纽三个方向进行探究思考，从而对雅居乐同类业务数据归类、数据属性梳理和预算数据上的治理问题与未来导向进行优化。

（4）基于雅居乐财务中台建设对粤港澳大湾区企业数据治理的意义思考而言，就粤港澳大湾区数字经济发展相关政策对大湾区企业数据治理的指导方向以及粤港澳大湾区所处的经济优势与中台技术资源优势，雅居乐财务中台建设为响应数字粤港澳建设政策及企业数据治理实践提供良好印证，助力解决大湾区企业部门数据内部治理优化升级与港澳数据属性差异问题。

参考文献

［1］杜姗．智能财务共享中心功能需求的评价机制研究［D］．重庆理工大学，2021．

［2］古青菲．粤港澳大湾区建设背景下会计人员的能力要求研究与建议［J］．商业会计，2022（07）：106－108．

［3］李鹏程．数据破壁助科创 数字治理造生态［N］．南方日报，2022－04－01（AA4）．

［4］李庆雪．智能制造上市公司财务绩效评价研究——基于因子分析法［J］．全国流

通经济，2021（34）：46-48.

　　[5] 刘勤，屈伊春. 智能财务最佳实践案例［M］. 上海：立信会计出版社，2021.

　　[6] 彭兰雅. 智能财务共享服务中心的功能评价与实现路径研究［D］. 重庆理工大学，2021.

　　[7] 盛妍，朱青，张明杰，宋灿，陈泽. 基于数据中台的智能标签关键技术研究与应用［J］. 电子技术应用，2022，48（03）：73-77.

　　[8] 苏琳清. 粤港澳大湾区视域下关于珠三角企业财务共享服务中心发展的思考［J］. 中国乡镇企业会计，2020（01）：134-135.

　　[9] 易中文，胡东滨，曹文治. 面向企业信息化系统集成的中台架构研究［J］. 科技管理研究，2021，41（01）：166-174.

　　[10] 张庆龙. 以数字中台驱动财务共享服务数字化转型［J］. 财会月刊，2020（19）：32-38. DOI：10.19641/j.cnki.42-1290/f.2020.19.003.

　　[11] 张旺生. 雅居乐公司湖州住宅项目进度管理优化研究［D］. 兰州大学，2020.

案例2 蒙牛公司智能财务案例分析[①]

摘 要：在当前数字化浪潮的推动下，产业发展的底层逻辑发生改变，数字作为一种生产要素将重构企业创新方式、生产方式、产品结构、资源配置方式，企业作为产业发展的基本单元，在产业数字化的带动下，运营模式将发生全新变革。

本案例分析了蒙牛公司开展智能化财务转型的动因、实践、特征和效果后发现，蒙牛集团为实现高目标业务，率先建立了财务共享服务中心，实施了SAP的ERP、CRM，实现了产供销一体化、财务业务一体化以及产品质量信息化；建设财务共享服务中心，实现数据互联互通，打破了产业链上的"信息孤岛"状态；同时，搭建BI平台和商业智能分析体系，建立数据模型和数据洞察等。蒙牛集团的数字化转型是探索新旧动能转换的一个典范，在数字化的创新下，蒙牛集团运用自身平台撬动社会资源，创造价值，树立世界品牌，并不断实现了质量管控、制造优化、品质提升等方面的飞跃式发展。

关键词：数字化；业财一体化

一、公司概况

（一）基本介绍

蒙牛公司1999年成立于内蒙古自治区，是全球八强乳品企业。公司2004年在香港特别行政区上市（股票代码2319.HK），是恒生指数、恒生中国企业

[①] 作者：李诗幸、揭玉云、黄贵英、陈俊行、张耀心
指导老师：陈建林

指数和恒生可持续发展企业指数成分股。蒙牛专注于为中国和全球消费者提供营养、健康、美味的乳制品，形成了包括 UHT 奶、常温酸奶、低温酸奶、低温鲜奶、风味牛奶在内的全品类液态奶业务布局，并控股雅士利国际、贝拉米以布局奶粉业务，通过爱氏晨曦、妙可蓝多加码奶酪业务，另有冰淇淋等业务线，蒙牛通过实行多元化战略，实现乳制品全品类布局。

（二）发展历程

回望蒙牛的发展历程，成立初期，创始人牛根生创造性地提出"先建市场后建厂"的策略，打响了蒙牛第一枪。2009 年，中粮集团联手厚朴基金投资 61 亿港元购蒙牛公司股权，成为公司第一大股东，蒙牛正式进入"中粮时代"。2012 年，丹麦 Arla Foods 成为蒙牛继中粮之后的第二大战略股东。此后蒙牛通过一系列战略合作及收并购动作，2013 年，公司收购现代牧业及雅士利的股权。2018 年，公司战略布局包括鲜奶、奶酪、海外业务在内的新业务群。2019 年，公司收购圣牧高科，进一步优化优质原奶布局，推进有机乳制品业务；全资收购贝拉米，加速奶粉业务的全球化布局。2020 年，蒙牛成为妙可蓝多的控股股东，瞄准奶酪市场，发力新品类（见图 2-1）。

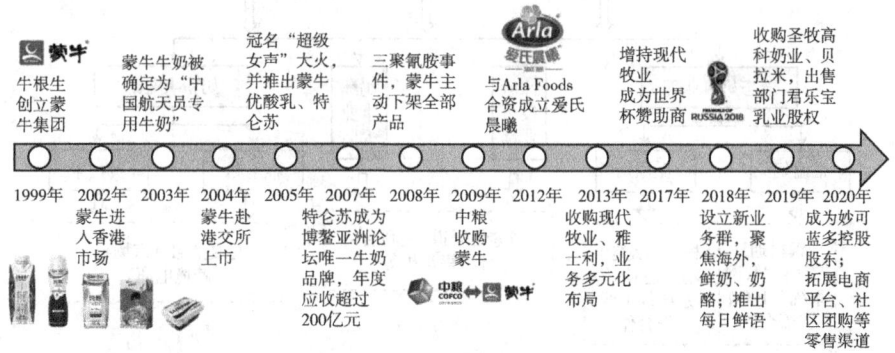

图 2-1　蒙牛乳业发展历程

（三）商业模式

蒙牛于 2005 年即开始酝酿布局上游，同年蒙牛澳亚国际示范牧场正式开业，战略投资现代牧业，强化上游奶源控制力。截至 2021 年年底，现代牧业在全国七个省区拥有 33 个牧场，为蒙牛布局低温产品铺垫基础。公司将中国圣牧作为联营公司，并与上陵牧业、原生态牧业等牧场企业达成战略合作，持续拓展上游。

蒙牛基于细分品类下沉渠道，深耕镇村，结合新事业部组织架构，推动基于细分品类的渠道下沉战略。常温事业部于2018年推动"镇村通"工程，一级镇、村启动"星火计划"，提升乡镇铺市率。2019年，常温事业部"智网系统"已100%覆盖全国市场，实现销售管理数字化。2021年年底常温事业部经销商数量超3000个，覆盖农村网点超60万个。低温事业部于2018年4月启动核心及A类市场渠道，同时加强零售系统线上线下合作。奶粉事业部聚焦母婴渠道、营养品聚焦KA商场、新渠道新产品全面发展的渠道策略。冰品事业部加大布局新零售、便利店及自动售卖机，同时加大直营布局。

总体而言，蒙牛以整个产业链布局，拓展上游，稳定奶源供应；中下游基于各个事业部进行自己的产、销、营，不断深耕，下沉市场，提高产品渗透率与市场占有率。对于如此庞大的商业布局，蒙牛的财务智能化转型必须更加精确化、标准化地完成对应的财会工作，因此，财会智能化转型势在必行（见图2-2）。

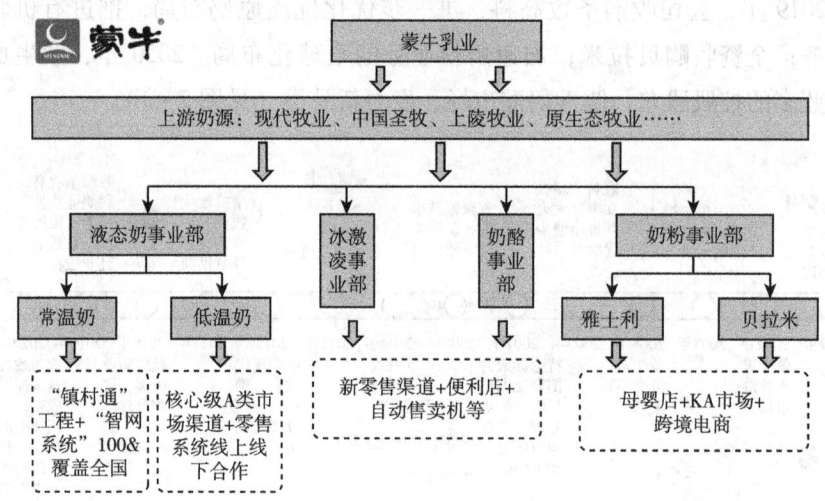

图2-2 蒙牛商业模式

二、公司智能财务发展的动因

（一）宏观角度

人工智能、大数据、云计算、5G等数字科技迅猛发展为财务智能化转型打下基础。智能财务是覆盖财务流程的智能化，利用"大智移云区"即大数据、人工智能、移动互联网、云计算及区块链等技术和财务管理协同结合，以人工智能为代表的第四次科技革命正在彻底地颠覆传统的财务工作，为企业的智能财务转型提供了技术支撑（见图2-3）。

图2-3 智能财务构成

我国人工智能产业规模近年来迅速扩大，从2017年的439.74亿元增加到2020年的3 031亿元。人工智能技术的发展可以帮助企业实现财务管理的移动化、智能化、生态化和产业化，大大提高了会计信息质量和工作效率，使企业决策更加科学、有效（见图2-4）。

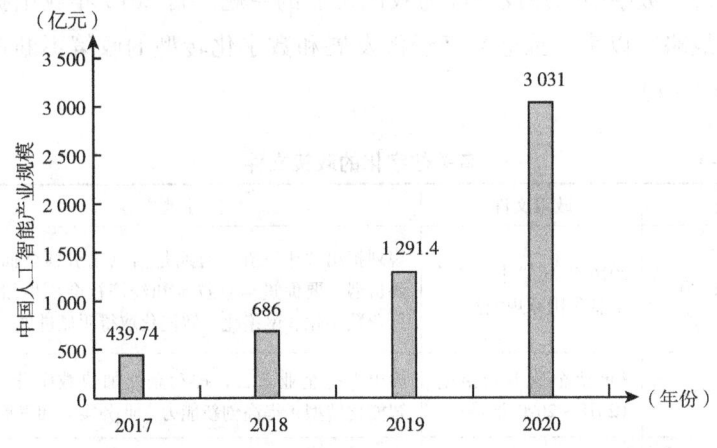

图2-4 中国人工智能产业规模

资料来源：中国互联网协会、公开资料整理。

2020年，我国云计算整体市场规模达到1 781.8亿元，增速为33.6%。其中，公有云市场规模大约为990.6亿元，私有云市场规模达到791.2亿元。在新时代，云计算支撑企业财务相关信息的处理、储存和查询，实现财务信息的高度共享。"云+智能"是企业进行数字化转型的重要模式之一（见图2-5）。

多项政策出台对企业智能财务转型释放积极信号。在数字时代背景下，推

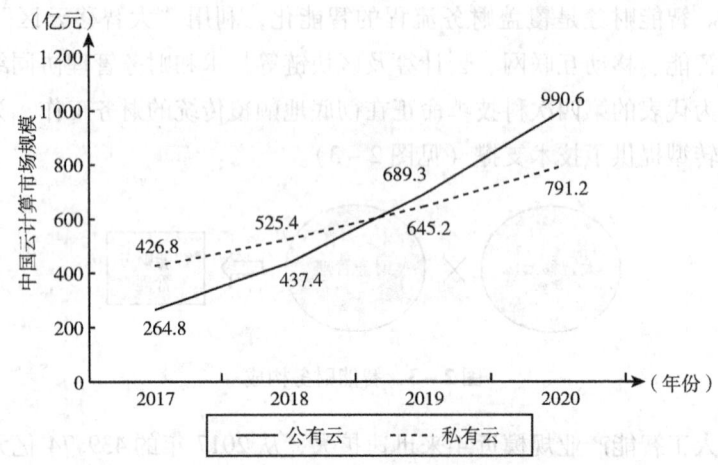

图 2-5 中国云计算市场规模

资料来源：工信部。

动数字经济、数字中国建设已成为我国发展的主题。自2015年我国提出"国家大数据战略"以来，推进数字经济发展和数字化转型的政策不断深化和落地（见表2-1）。

表 2-1　有关数字化的政策文件

时间	政策文件	主要内容
2016年12月	2016年《"十三五"信息化国家规划》	规划指出"十三五"时期是信息化引领全面创新的重要机遇，要促进信息技术和经济社会深度融合，重点行业数字化、网络化、智能化取得明显进展
2018年7月	《推动企业上云指南（2018～2020年）》	提出支持企业上云，推动企业加快数字化、网络化、智能化转型，提高创新能力、业务实力和发展水平
2020年3月	《关于推进"上云用数赋智"行动》	提出推进"上云用数赋智"行动，在已有工作基础上，深入推进企业数字化转型，加快数字产业化和产业数字化，实现经济高质量发展
2022年	《关于中央企业加快建设世界一流财务管理体系指导意见》	提出企业要利用技术赋能，主动运用大数据、人工智能、移动互联网、云计算、区块链等新技术，推动财务管理从信息化向数字化、智能化转型，努力成为企业数字化转型的先行者、引领者、推动者

企业是推进"数字中国"建设的主力军，而企业的财务转型直接体现了企业的数字化转型。进行有效的财务智能化转型实践才能使企业在第四次工业

革命的浪潮中扎稳脚跟,从而为我国数字经济的建设助力。

(二) 公司角度

一般而言,根据数据统计结果,推动企业进行财务转型的因素主要有以下六点,分别涉及企业本身、监管要求以及行业发展(见图2-6)。

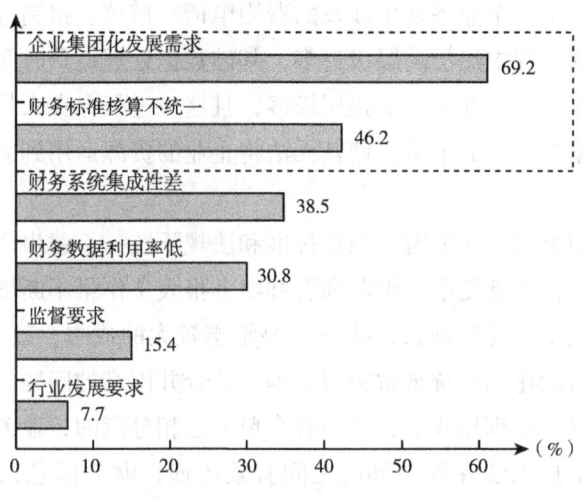

图2-6 推动企业财务转型的因素

而蒙牛集团作为乳业龙头企业,有着极长的产业链,生产加工等各环节流程复杂,所需分析的数据众多,数字化转型成为必然(见图2-7)。

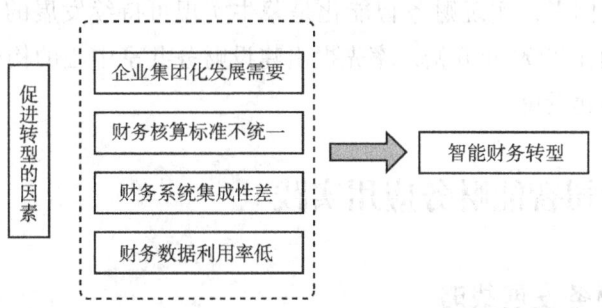

图2-7 蒙牛智能财务转型的因素

资料来源:亿欧智库、蒙牛官网资料整理。

蒙牛官网显示,除了中国外,蒙牛产品还进入了东南亚、大洋洲、北美洲等区域。蒙牛在国内建立了41座生产基地,在建4个海外生产基地,全球工厂总数达68座。目前,在国内拥有合作牧场1 000多家。蒙牛积极布局海外高品质奶源,在澳大利亚拥有原料乳加工商 Burra Foods、有机婴幼儿食品商贝拉米。"养殖—种植—采购—生产—物流—仓储—销售—配送—终端"整条产业链覆盖范围不断拓展。

蒙牛的下属子公司和生产基地数量和规模不断扩大,业务范围也在不断扩展,集团化趋势明显。蒙牛集团化发展客观上需要母公司和各个子公司及生产基地互联互通。每一个业务发生涉及的费用申请、审核、报销等环节从子公司传递到母公司的过程中经历的层级过多,基础数据处理耗费时间长,影响了蒙牛财务数据的时效性。此外,上报层级多,且这一过程存在大量重复性的工作流程,造成了蒙牛资源的浪费,使其无法将企业的资源运用到能创造更多价值的核心部门。

由于不同国家和地区的财务核算标准和法规不统一,蒙牛商业版图的扩张使其会计核算工作非常复杂,编制和合并财务报表工作量不断增加,在传统模式下主要依靠人工,耗时漫长,企业需要承担较大的成本,效率较低。因此,企业急需一个智能化的系统来解决报表编制及合并困难的问题。

在传统的财务管理模式下,蒙牛各个单元是相分离的,业务、财务以及战略决策分割,信息无法在各个部门之间有效传递,财务信息无法得到有效利用,财务系统集成性差。因此,实现各部门之间的互联互通,实现财务信息共享,以此促进企业业务的良好发展和企业战略的有效制定是蒙牛数字化转型的目的之一。

综合以上因素,实现财务智能化是蒙牛实现可持续发展的必经之路。因此,蒙牛集团在 2009 年开始,率先提出建设财务共享中心的构想,并在 2012 年提出了具体建设思路。

三、公司智能财务应用实践

(一)财务发展战略

因为共享中心的建立,蒙牛的多系统间形成了互联互通,如建设共享中心的支出方面,人力的 PS 系统和授权相结合植入了 BPM 审批流程的自动化,使全流程从提单到审批都支持移动在线(见图 2-8)。

案例2　蒙牛公司智能财务案例分析

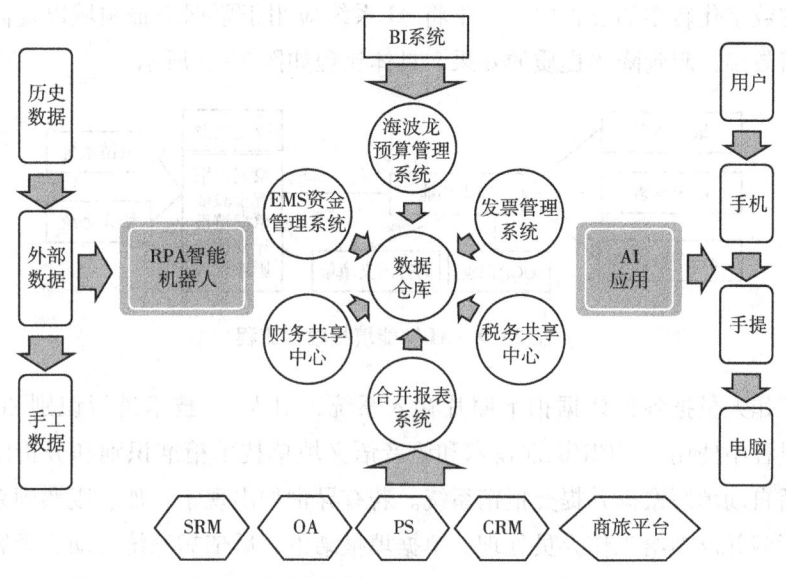

图2-8　互联互通的智能财务体系

总体而言，互联互通的智能财务系统是将历史数据、外部数据和手工数据通过RPA智能机器人传入，再在海波龙预算管理系统、EAS资金管理系统、发票管理系统、财务共享中心、税务共享中心、合并报表系统、BI系统以及SRM、OA、PS和商旅平台等的运作下形成大数据仓库，结合AI应用的方式，向外输出给用户或者手机、电脑的屏幕中；而共享中心的建成，实现了从预算到全流程的自动管理，使公司的整体运营效率整体提效90%。

智能财务创新的应用场景主要有两类：第一类是借助技术工具，即RPA+AI；另一类则是在系统应用过程中融入人脑的智慧，如BPC合并报表系统的迭代。总体而言，三类智能应用即AI、RPA和BPC从每一个业务发生的起点到最终报表出具的全流程中都有应用和展现。其中，AI进行识别查重验真，RPA进行人机协同智能审核，BPC进行合并报表制作。

（二）智能财务实践

1. AI智能填报票据

蒙牛每年有350+万的票据，在传统模式下，从一开始票据的填报到最终报销结束人工使用程度都较高，耗费大量人力和财力，且填报精确度存在一定缺陷。这致使公司的资源无法得到合理的配置，企业整体效率低下。

在数字化转型的过程中，蒙牛将 AI 系统应用于票据填报领域以提高企业的运营效率，起到降本提质的效果。具体流程如图 2-9 所示。

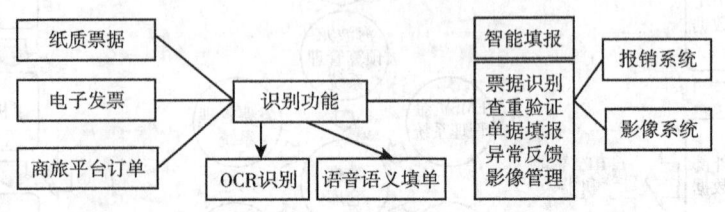

图 2-9　AI 智能填报票据流程

工作人员把各种票据拍下照片存入系统，引入 AI 技术进行识别和拦截，这一过程中使用了 OCR 识别技术和语音语义填单技术精准识别和分析图像信息之后自动填写票据并提交报销系统。若有异常如出现错、加、废票则系统会自动拦截并反馈给工作人员处理。单据填报结束之后依靠系统自动实现影像归档，并与开始人工拍下的照片进行一一比对以保证一致性。

相比于以往的人工填单方式，蒙牛引入 AI 技术实现了单据的智能填报，从人工拍照到票据填报，各个环节无缝衔接，极大地提高公司填单效率，节约时间，释放出财务人力。财务人员可以转岗业务，充实一线经营，推动业务发展，促进财务转型。AI 智能填报在一定程度上缓解了蒙牛产业链不断扩张带来的数据处理困难的问题。

此外，智能客服对 AI 的应用，实现了对客户提出问题的归类分析达到精准服务状态，精准服务可以很好地改善用户体验。

2. RPA 数字员工

进行了初步尝试，上线了 13 名数字员工，使财务共享中心实现了 60 多条流程的线上自动化，分别分布在资金和财务的各个环节；同时它创建了人机协同的管理模式和人机抢单的作业方式，通过大屏技术实时监控数字员工的工作状态并进行工作分布。由于共享的示范效应得到了全公司的推广，因此 RPA 在全公司都有应用，而 150 多条流程的上线实现了 23 个机器人的匹配。此外，2019 年由于数字员工"小牛人"参与月结全流程的 15 个节点，使全公司 80% 的工作节点已经实现自动化，而在 80% 的工作节点中，又有 20% 实现了人机抢单，此模式的实现作为行业中的首创，将会对未来月结效率的提升提供强大助力。

3. BPC 合并报表系统

完成公司以管理层为架构形成的合并报表。

蒙牛的 BPC 合并报表系统是在同构系统下构建 BPC 合并报表系统，使整个系统互联互通。在基于 BPC 上，设置了四层的数据抽取架构进行数据清洗，两层逻辑转化确保源数据的转化精准度，然后混合建模形成子项目并匹配不同的使用场景，以此来实现不同的维度、不同时间抽取频率和不同的应用场景，整个流程实现全自动化。整体系统是在源系统的基础上，再到 BW 数据仓库中的抽取层、转换层、同构层最后用 BPC 专用模型导出到 BI 系统，整体四层应用架构，以此来满足数据采集、合并处理和报表展现的管理要求（见图 2-10）。

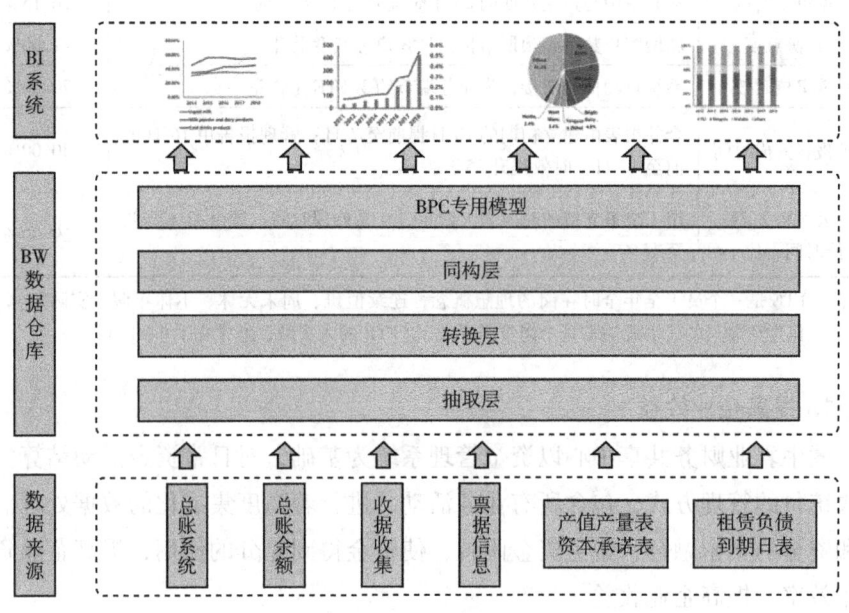

图 2-10　蒙牛 BPC 合并报表系统应用架构

蒙牛的 BPC 合并报表系统实现了基于管理架构下的报表自动化，优化数据校验和提供了更好的管理场景体验，并实现了管理报表和法定报表完全一致。同时，该系统支持管理架构权益数据的灵活调整，支持多准则、多币种、多架构，公司报表可以自动导出，甚至可以关联对账到 SKU 级别，还能支持历史版本、多场景追溯。对于蒙牛这种有着多家子公司，商业布局全球化的大企业而言，BPC 合并报表系统能极大地提高报表核算、合并的处理效率，同时有利于让管理层能更具针对性、时效性地基于报表信息提出合理的管理策略。

四、公司智能财务实践取得的成效

表 2-2　　　　　　　　　2017 年智能财务成效数据

指标	表现	效率提升
人员规模效率	323FTE 工作量由 241 人承接优化为 363FTE 工作量由 233 人承接	35.80%
单据审核实效	从共享中心建立初期的 26 小时提升至 11.8 小时	16.15%
客户满意度	新增客户数量超预期增长,且客户忠诚度上升	42.00%
付款审核时效	系统自动传递对接,为业务端节约 30FTE 工作量	70.00%
管理报告完成时间	合并报表由建立初期的 10 日提前至 7 日;管理报告由 16 日提前至 12 日,时效提升 25%	30.00%
单公司财务职能时间占比	用于决策支持的时间大大缩短,交易处理时间占比由 41% 降低至 15%	29.00%

注:FTE 是一个员工全年全时在岗的理想概念,连续值班、周末无休、不休年假,实际上每个人都是要工作生活兼具的,因此通常每个岗位需要大于 1FTE 的人头数,通常在 1.4~1.6。

1. 提高企业效益

蒙牛乳业财务共享中心以资金管理系统为基础,对日常资金活动结算实行统收统付的管理方式,包含所有业务活动,进行着高度集成化的数据处理。业务和资金的紧密融合,避免资金闲置,使资金得到充分的使用,提高企业资金使用效率,提高企业收益。

2. 提升企业运营水平

业务流程的运作状态是企业运营水平高低的关键,通过提前设定标准化流程操作步骤,减少企业在烦琐的步骤上消耗的时间,改善企业运营时效。集中对分、子公司核算,通过智能化的运算可以提高业务的处理效果,蒙牛乳业可以对业务的资金管理进行更好的管控,对闲置资金过多和资金处理不当进行了有效管控,使企业距离实现收益最大化更进一步。

3. 增强同行业中的竞争力

蒙牛乳业作为国内行业中的巨头,实力是毋庸置疑的。蒙牛乳业业务繁多,数量金额庞大,作为年收入百亿元级的大企业,智能财务可以很好地帮助企业内部管理,提高管理效率,增强业内竞争力。就国内企业而言,伊利是蒙牛长久以来的最大竞争对手，但在智能财务方面，蒙牛算是行业国内龙头水平，推动着蒙牛在竞争中保持着强有力的水平，并且已经取得了不小的成效，资产负债率在合理范围内超过了伊利（见图2-11）。

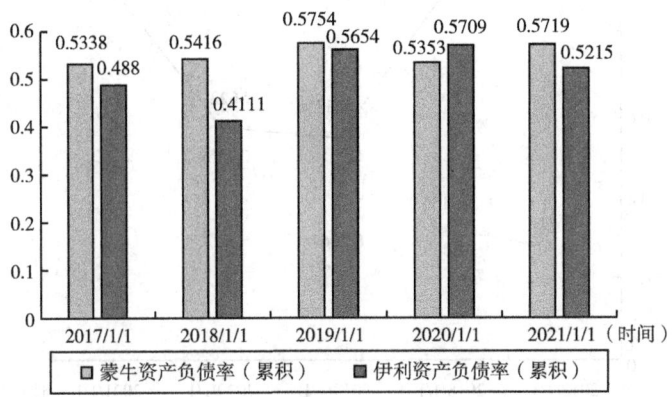

图2-11　伊利和蒙牛公司资产负债率柱形图

数据来源：理杏仁网站 lixinger.com。

注：资产负债率的适宜水平是40%~60%。对于经营风险比较高的企业，为减少财务风险应选择比较低的资产负债率；对于经营风险低的企业，为增加股东收益应选择比较高的资产负债率。

此外，就偿债能力而言，对比蒙牛集团和伊利集团的流动比率和速动比率，发现蒙牛集团的短期偿债能力更强，负债经营压力较小，短期债权人利益的安全程度更高（见图2-12和图2-13）。

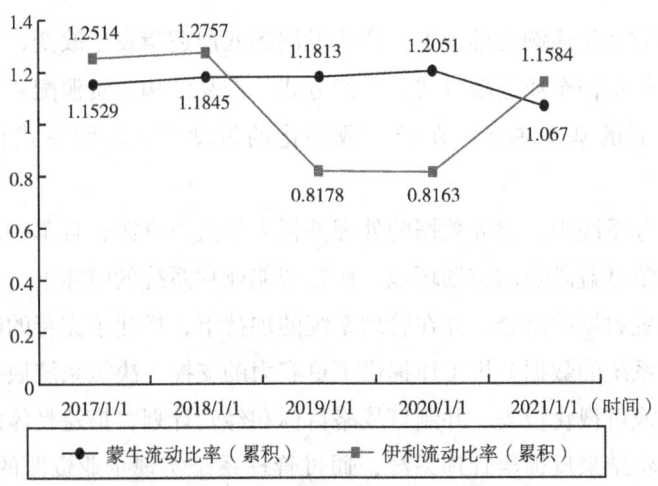

图2-12　伊利和蒙牛公司流动比率折线图

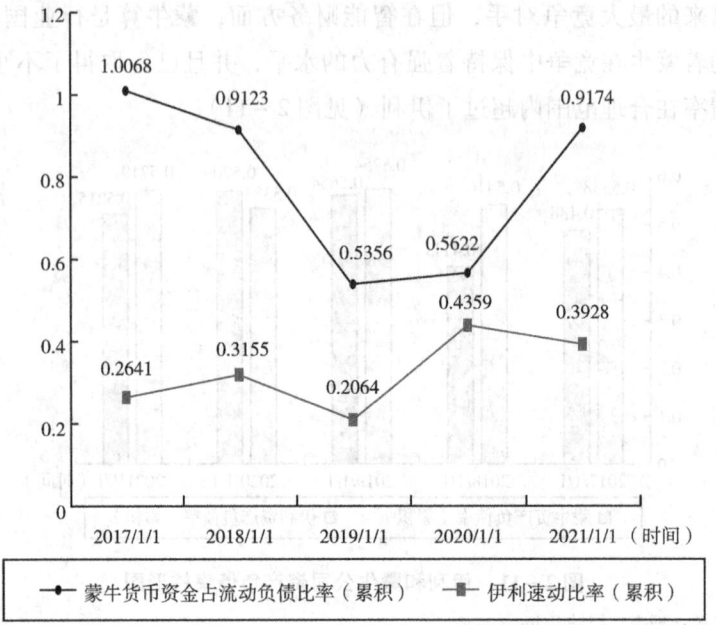

图 2–13 伊利和蒙牛公司速动比率折线图

数据来源：理杏仁网站 lixinger.com。

五、总结与启示

在当前数字化浪潮的推动下，产业发展的底层逻辑发生改变，数字作为一种生产要素将重构企业创新方式、生产方式、产品结构、资源配置方式，企业作为产业发展的基本单元，在产业数字化的带动下，运营模式将发生全新变革。

传统财务系统中，财务数据的处理消耗大量人力资源，且单一的财务数据不再适合竞争日益激烈的市场环境。而在智能业财系统的赋能下，业务系统数据和财务系统数据的融合，并在管理系统的加持下，搭建了完善的数据管理体系，为决策系统的数据分析工作提供了更有力的支撑。决策系统通过对数据进行分析，形成可视化报表，并制订战略目标和经营计划，搭建具体的经营指标体系，最终将结果反馈给管理系统，通过管理系统实现企业资源的合理配置，指导业务良性发展，实现企业生态闭环管理体系，让企业战略实施和落地更精准、更有效（见图 2–14）。

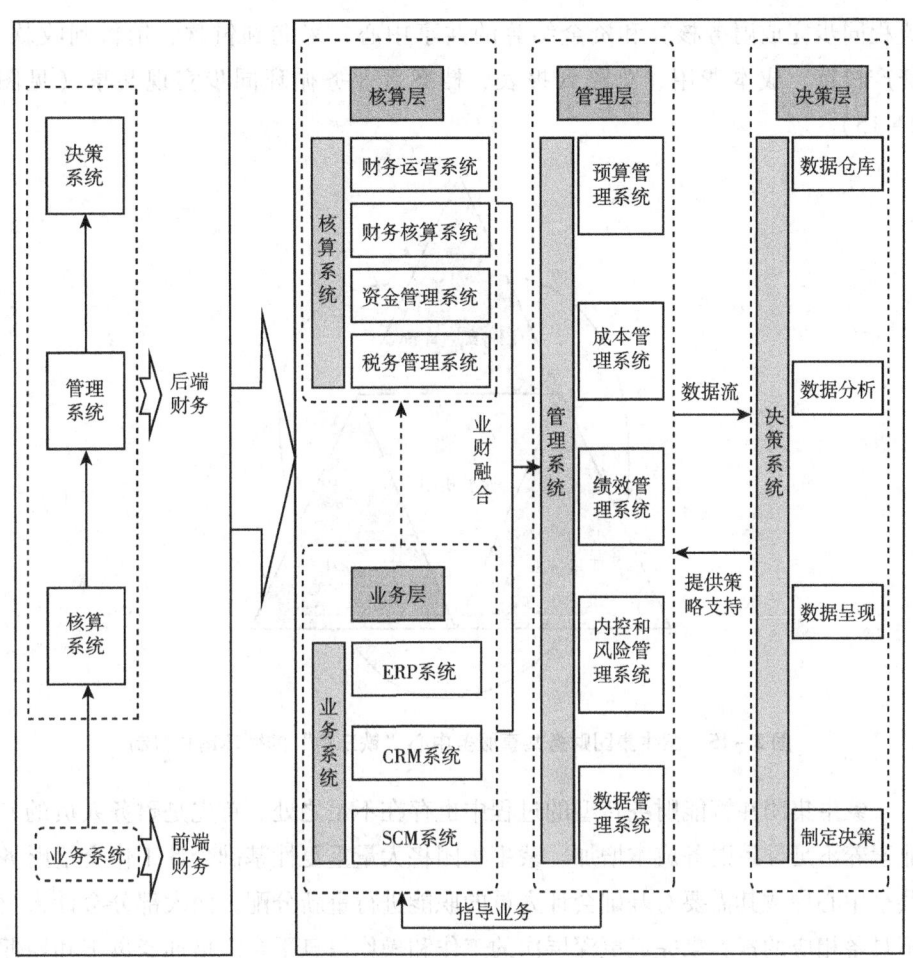

图 2-14　实现业财融合功能全景图

资料来源：亿欧智库。

建设财务共享服务中心，实现数据互联互通，打破了产业链上的"信息孤岛"状态；同时搭建 BI 平台和商业智能分析体系，建立数据模型和数据洞察等。蒙牛集团的数字化转型是探索新旧动能转换的一个典范，在数字化的创新下，蒙牛集团运用自身平台撬动社会资源，创造价值，树立世界品牌，并不断实现了质量管控、制造优化、品质提升等方面的飞跃式发展。

蒙牛的管理机制相对先进，有健全的 SAP 系统、预算系统、人力资源系统、资金系统等，对财务的全部环节进行设计，根据每个环节的规范度陆续纳入共享，并根据自身特点，财务共享服务中心一步建成为全业务模块、全流程同步完成财务核算和资金结算的共享中心，采购到付款、销售到收款、资产核算、成本费用、总账到报表、档案等业务循环同步实现共享（见图2-15）。

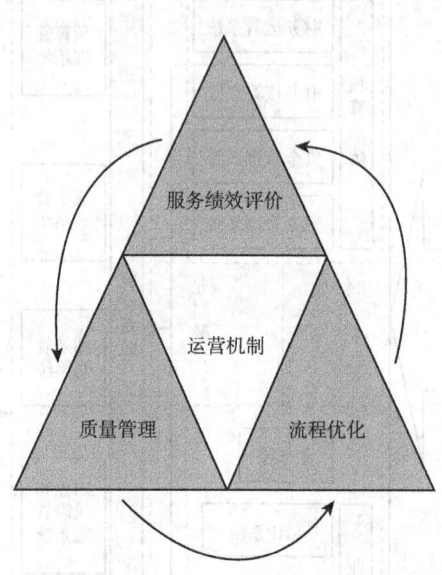

图2-15　蒙牛集团财务共享服务中心"铁三角"的循环运营机制

蒙牛集团在智能财务转型的过程中也存在不足之处。首先是财务人员的专业素养不足导致财务成本增加。蒙牛集团将大量重复性基础会计工作交给财务共享中心导致其需要对基础会计人员的职能进行重新分配，而大部分会计人员不具备相应的素养来完成更深层次的工作和操作信息平台。培训老员工和雇佣高素质人才增加了蒙牛的人力资源成本。其次是数据信息存在滞后问题。蒙牛财务共享服务中心自建成以来一直走在拓展服务范围的道路上，旨在为集团下各业务单元、企业生态圈里的上下游单位提供服务、助力赋能。但上游更复杂的生乳奶源较标准化的供应商更具复杂性、灵活性。在上游牧场管理方面仍然需要较多人力，对生乳奶源的监控信息的完整性和实效性有所欠缺。此外，共享平台运营缺乏标准也是有待蒙牛进一步完善的方面。

蒙牛正在走向国际化的大舞台，面对这样一个庞大的集团，该如何严把质量关，使企业随时代的发展而发展，是蒙牛领导人在今后发展中应该正视的问题。对于智能化来说，从算力的角度可以实现智能化，但是从算法的角度，目前还需要人脑智慧赋予，特别是一些规则和逻辑的匹配以及更高层次的智能化是机器替代不了的（见图2-16）。

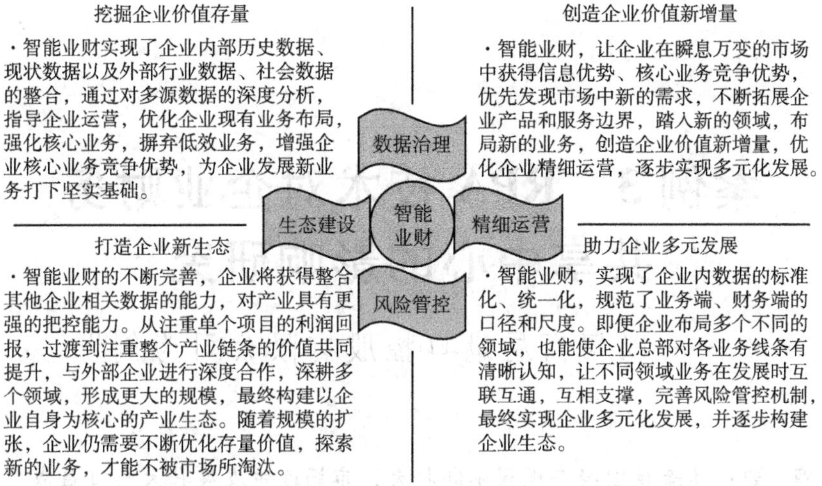

挖掘企业价值存量
·智能业财实现了企业内部历史数据、现状数据以及外部行业数据、社会数据的整合，通过对多源数据的深度分析，指导企业运营，优化企业现有业务布局，强化核心业务，摒弃低效业务，增强企业核心业务竞争优势，为企业发展新业务打下坚实基础。
创造企业价值新增量
·智能业财，让企业在瞬息万变的市场中获得信息优势、核心业务竞争优势，优先发现市场中新的需求，不断拓展企业产品和服务边界，踏入新的领域，布局新的业务，创造企业价值新增量，优化企业精细运营，逐步实现多元化发展。
数据治理
生态建设
智能业财
精细运营
风险管控
打造企业新生态
·智能业财的不断完善，企业将获得整合其他企业相关数据的能力，对产业具有更强的把控能力。从注重单个项目的利润回报，过渡到注重整个产业链条的价值共同提升，与外部企业进行深度合作，深耕多个领域，形成更大的规模，最终构建以企业自身为核心的产业生态。随着规模的扩张，企业仍需要不断优化存量价值，探索新的业务，才能不被市场所淘汰。
助力企业多元发展
·智能业财，实现了企业内数据的标准化、统一化，规范了业务端、财务端的口径和尺度。即便企业布局多个不同的领域，也能使企业总部对各业务线条有清晰认知，让不同领域业务在发展时互联互通，互相支撑，完善风险管控机制，最终实现企业多元化发展，并逐步构建企业生态。

图 2－16　智能业财助力企业实现可持续发展战略

资料来源：亿欧智库。

数字化是推动企业降本提质的重要手段，各个企业纷纷开始了数字化转型的实践，而蒙牛智能化转型的成功将会为各个企业提供有益的参考（见图 2－17）。

已经构建全面的数字化规划，未来将逐步实施
57.1
已制定部门级 / 业务线级数字化规划，正在落地实施中
16.3
数字化转型将成为企业未来致胜的关键，并且着手实践
12.2
在数字化转型方面仅限于做出探索性尝试
8.2
曾尝试过相关创新，但目前暂时中止这项业务
6.1
0
10
20
30
40
50
60
（%）

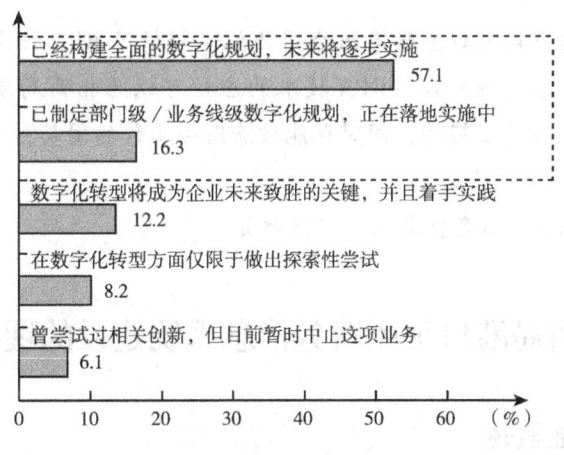

图 2－17　企业数字化转型实践情况

业财融合追求数据资产价值最大化，数据资产成为企业战略资产，数据闭环化、复用化、价值化是企业数字化未来能力的标配，打造智能业财融合生态图，构建业财系统体系及能力，实现企业绩效结果可见、业务成长可预测和供应链可控的数字化转型升级。蒙牛集团的未来应不断拥抱新科技，改变知识结构，应用更多的智能助力公司业务发展。

案例3 RPA 技术对企业财务共享中心的影响研究

——以招商局港口控股有限公司为例[①]

摘 要： 随着我国经济规模不断扩大，市场逐步发展壮大与日益成熟，随之带来的是对企业财务的挑战，如何快速、准确地处理企业财税管理工作，成为亟须解决的问题。RPA 是一种人工智能技术，将会对财税管理邻域带来革命性的创新。它将协助企业数字化转型，在确保准确率的情况下，使企业可以进行"高频度""细颗粒"的精细化管理、综合分析以及风险防控，为企业健康发展带来更大效益。

本案例以招商局港口控股有限公司为例，分析了 RPA 技术对企业财务共享中心的影响。本案例发现，RPA 技术的应用可以为招商局港口控股有限公司财务自动化转型插上翅膀，同时也能破除财务工作的困局，大幅提升企业的经营管理效率。

关键词： RPA；财务信息化；智能财会

一、招商局港口集团财务信息系统建设的现状

（一）企业概述

1. 公司介绍

招商局港口集团股份有限公司（简称"招商港口"）为深交所上市公司，是招商局集团港口业务板块管理及资本运营平台，也是世界领先的港口开发、

[①] 作者：李羡萦、廖俊凯、吕欣、杨瑞萍、郑君钰
指导老师：陈建林、罗勇根

投资和营运商,2020年货物总吞吐量位列世界第一。

2. 公司主营业务

招商港口主要从事港口业务、保税物流业务及物业投资。港口业务包括由集团及其联营公司和合营企业经营的集装箱码头业务和散杂货码头业务。保税物流业务包括由集团及其联营公司和合营企业经营的物流园业务、港口运输及机场货物处理。其他业务主要包括由本集团的联营公司经营的物业开发和投资、物流业务及本集团经营的物业投资。

其主营业务收入情况如表3-1所示。

表3-1 招商港口业务收入

	2021年（港币百万元）	2020年（港币百万元）
码头操作费	11 069	8 304
仓储服务收入	560	469
来自客户合约的收入	11 629	8 773
投资物业租金类收入	221	172

资料来源：公司年报。

（二）招商港口财务共享中心

1. 发展背景

（1）业务数据传输问题。

招商局港口集团大量下属港口公司是不同时间段收购而来的，各港口公司业务系统总计上百个，想要全都更换肯定不现实，那么如何对接业务数据实现数据自动传输和会计处理的集中是一个难题。

（2）风控。

各个下属港口公司的地域分布很广，股东背景和数字化差异程度都非常大，如何将它们归置到央企严格的风控标准之下，这是一个挑战。

（3）效率和质量管控的平衡。

财务数字化需要做到在运用自动化技术提升效率的同时，还要把流程设计得足够严谨，在不到数据流的情况下也能确保每一笔收付款不出差错，保证业务处理质量。

2. 发展历程

招商港口财务共享中心建设自2018年年底启动，2019年开始逐步全流程上线，2020年9月22日，招商局集团港口财务共享中心深圳总中心揭牌，国内公司全流程共享上线，涉及企业196家，并进入运营阶段。

3. 财务管理系统生态

招商局财务共享中心以"会计引擎"接纳所有的数据，然后进入"风控管道"做层层审核，由机器人负责自动化处理，形成"三位一体"的财务管理系统生态（见图3-1）。

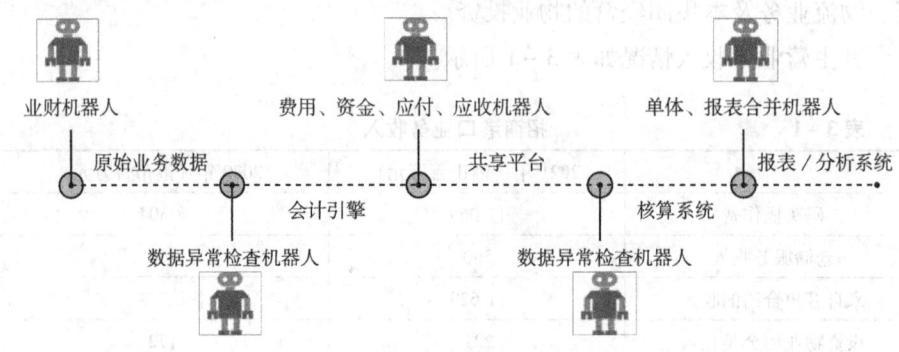

图3-1 招商港口财务共享中心运作生态

所谓"会计引擎"就是一个非常开放、容纳百川的接口转换平台。纳入共享的公司产生的业务数据都可以按既定的标准接进来，然后整理成财务标准数据。风控管道就是指会计引擎在把数据导入共享平台后，之后的整个流程都是封闭且不可篡改的。所有人员在流程节点上只有"通过"和"打回"两个选项，不可以对任何数据在后台做更改。同时，在各个流程中已大量运用RPA（机器人流程自动化）。例如，会计引擎和业务系统之间，有机器人不断稽查传出和传入数据的一致性；再如费用报销机器人会自动审查不合规信息，替代人工筛查出不合规单据，有利于提升工作效率和降低管控风险。

4. 海内外管理模式

招商港口财务共享中心采用了"一总两分"的管理模式。

5. 内部管理组织架构

财务共享中心采用了难度颇大的矩阵式管理组织架构，可以总结成：业务组+专项组+项目组+专管员模式。首先，在横向上，整个共享中心可划分为运营管理组、总账资产组、AR组、AP组、费用组和资金组几个业务组，每个组都会设立多名专管员，每一个专管员分别负责若干家下属子公司的财务共享业务，子公司有任何问题都可以对接解决。在这个基本架构的基础上还交织了两个管理条线,由员工兼职担任:一个是专项小组,兼职负责风控、数字化、核算标准化、宣传文档和行政5个专项。专项小组的责任范围可横跨整个业务。另一个管理条线是项目组,该管理条线亦由共享中心员工兼职承担,根据项目实施要求调整、确定(见图3-2)。

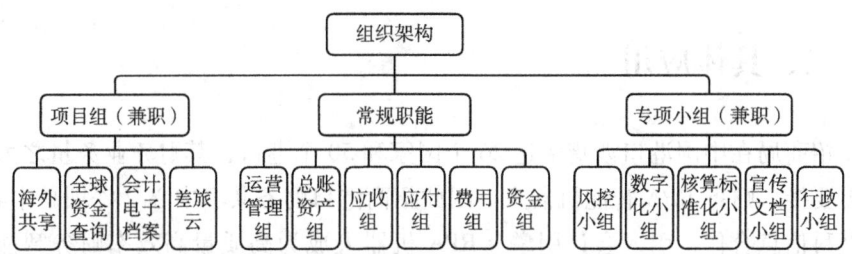

图3-2 招商港口财务共享中心组织架构

(三)招商港口的 RPA 需求

招商港口财务共享中心采用 RPA 目前的主要需求包括以下几点。

(1)释放人力资源。

招商港口财务共享中心(深圳总中心)编制79人,当前实际40人承担全部财务核算工作。有效利用 RPA 能够帮助财务人员在面临庞大业务量时,解决一些重复性高且价值不大的工作,节省这些非必要浪费时间后,财务人员才能将更多时间投向开展创造性财务工作、提高业务办理效率等问题。

(2)加快业财衔接。

招商港口业务涉猎广泛且复杂,涉及集装箱、散杂货、IT、监理等多个行业领域,同时招商港口新并购企业多,涉及的业务系统增加但并不统一,如果需要获取这些数据,将会花费大量的人力与物力去学习不同的系统,这样就不仅造成资源浪费,而且效率不高。

但是目前来说,RPA 技术可以有针对性地解决此类问题。这种技术不同于人脑的学习模式,先学习形式再注重内容。RPA 注重于挖掘数字,因此能作为业财融合的有效补充,完成跨系统、跨平台的数据采集、整理、录入和自动处理财务数据,具有灵活的扩展能力和无侵入性,适合财务共享中心数据的快速整理与深度分析。

(3)促进智能财务转型。

财务共享中心工作中很多业务需要人工机械、重复地进行信息系统的操作与数据的搬运，占用人员多，效率很低。同时集团类型的财务共享中心通常会涉及非常多的固定流程和后台系统的操作，这些操作往往处理规则明确，只需要按部就班地点击鼠标或其他按钮即可完成。招商港口目前的财务目标是向自动化、智能化、智慧化转型工作发展，因而需要 RPA 技术辅助提升工作效率。

二、具体应用

招商局在中国港口涉猎多达 26 个国家和 50 个港口，其财务业务量之大必定需要接入财务 RPA 智能机器人。因此招商港口财务共享中心（深圳总中心）与九科信息合作，引入会计引擎＋RPA 机器人成为高质量高效率财务智能化转型的必然需求。这开启了智能财务新时代。

（一）RPA 机器人的引入可以降低人力成本

首先，RPA 机器人可以模拟人工去操作键鼠处理庞大的机械性、枯燥、重复的财务工作，不仅省去了聘请并组织大量基础会计人员的人力成本，还可以将员工从繁重的机械性工作中释放出来，为企业创造更大的创造新价值；其次，RPA 机器人特别适用业务量大且明确的企业，因为它可以结构化输入和输出操作流程，在对账汇总、检查文件、出具审计报告、明确业务规划等流程化操作展示出巨大作用，进一步节约了编制压力，将财务部门集约化发展，实现长期战略层面最大效益。

（二）RPA 智能财务机器人能促进业财衔接

招商港口以会计引擎＋RPA 模式构建智慧财务体系。会计引擎作为智慧财务体系的输入端，将各个系统、各类口径的数据进行标准化转换后，传输至财务处理节点，财务机器人在数据标准化的前提下处理部分可自动化的基础业务，以 24 小时不间断的运行模式输出核算结果。作为一种外挂式程序，RPA 机器人能够使原有手动化的业务流程得以自动化运行，不会改变业务流程最终达到的效果。一般用作于运行成本较大的业务流程，充分实现 RPA 机器人一大技术特点——模拟人类员工的真实操作来完成各项流程。应用前期仅需要两到三天的人工调试，将公司间各种衔接业务的基本处理模式导入，并赋予一定的编码，便可以迅速接入集成系统，跨系统高效率、高精度、自动化处理规则清晰、批量化的高频业务；在后期工作时对程序和系统中没有预设好的变化或出现其他不确定因素进行补漏和更新,用人工干预微调来提升"弱人工智能"的执行能力。例如,招商局的合作伙伴需要更改合作方案,仅需修改单链接的协议,既有效避免人为失误,又能保证业务流程中数据高效率运行供人处理。还有,对于异构系统间的数据交互等业务流程中存在的一些信息系统间的自动化盲区,以及实时预警提醒等传统信息系统不具备的功能特点,也可以考虑应用 RPA 作为有效补充。

(三) RPA 促进招商局智慧财务转型

随着 RPA 技术的不断发展,其与 AI 的结合也已成为行业发展的一大趋势,目前市场上主流的人工智能组件有 OCR(光学字符识别)、NLG(自然语言生成)等,并引入 AI 能力的 RPA 机器人将在文字识别、文本理解和人机对话等方面获得重大突破,从而为用户带来更大程度的自动化;通过建立"会计引擎—共享平台—核算系统"的财务共享系统,在会计引擎(智慧财务体系的输入端)输入非标准财务数据,结合 RPA 模式构建智慧财务体系针对不同环节应用不同的 RPA 机器人,将各个系统和口径进行标准化转化,传输至对应财务共享节点(如用友 BIP 系统)进行集中处理,财务机器人可以 24 小时不间断处理,大大提高业务效率,实现智能化转型。不仅不耽误客户获取财务信息,还能将枯燥重复的任务转移,财务人员可以专注于高价值工作,进一步释放企业活力。

三、试点成果总结

(一) 招商局效果与价值

1. 审单及时性提高

应用 RPA 技术后,大约 50% 的单据审单都能够实现自动化,机器人 7×24h 制全天审单,不再需要人工一一审核,极大地减少人工审单而造成的积单,审单的及时性得到提高。

2. 工作效率提升

分析数据表明,机器人系统操作时长较之前人力劳动减少 60%,如此每月可节省 400 小时左右的工作时间,工作效率提高。这样一来,节省下来的人力资源可从原来低价值、低创造性、重复性高的工作中解放出来,转向高价值、创新性强的工作。

3. 培训成本降低

通常来说，RPA 技术具有跨平台、跨系统的信息获取能力，因此企业不再需要额外支付培训员工学习不同的财务系统知识的费用，而是直接培训员工学习 RPA 系统，在一定程度上来说就降低了员工培训成本。

假设招商局港口集团需要，前提是一般情况，机器人可以 7×24 小时无间断地工作，且对于重复性工作失误率保持目前可达到的最低水平。机器人针对各类原始凭证、税务报表等基础性录入工作，可实现自动抓取相关数据，自动录入填报，并且操作的全流程信息都可查询、可见（见图 3-3）。

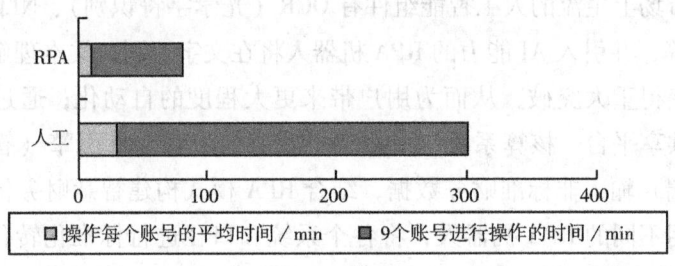

图 3-3　RPA 技术的运营效率

机器人效率说明根据测试反馈：人工进行操作每个账号需要约 30 分钟，9 个账号登录操作大约需要 270 分钟，即 4.5 个小时左右。根据此次运用 RPA 技术每个账号操作时间在 5~10 分钟（为大致评估，具体时间与网速、国税局系统响应速度、本地电脑配置等都有相关关系），9 个账号进行操作时间在 70 分钟左右，即 1 个小时 10 分即可完成，效率提升 285.71%，总时间节约 200 分钟。

所以说 RPA 技术应用可以大幅取代人工，有效地减少了财务成本，同时倒逼现有的人员提升自身的业务水平，实现招商局港口集团与员工的双赢。

（二）RPA 已成为企业特别是集团型财务共享中心数字化转型的重要工具

虽然现阶段 RPA 主要被应用于财务、IT、人力资源、数据处理、智能分析等领域，总体来看，财务部门对 RPA 的需求最大，基本占比 30% 以上。可是如今社会信息化的浪潮势不可挡，人人都想企业的设计标准化，资源集约化，建设成果最大化，在不久的将来，我们有理由相信 RPA 的运用将更为广泛。

（三）应用层面的推广价值

RPA 财务机器人的运用或将引发新一轮科技革命。随着招商局将实施"系统自动化＋RPA 机器人"的财务管理方式，未来的财务人员将可以从烦琐的基础财务工作中解放双手，将更多的精力投入"管数用数""业财融合"等战略性财务工作中去。

（四）持续关注的问题

1. 经营环境

一旦 RPA 掌握了大量数据，有些甚至是招商财务共享中心的机密内容，一旦运行环境发生问题，运行产生了故障，将会对企业的日常运营造成巨大影响，若是遭到了恶意攻击，信息被泄露，会对企业的发展十分不利。这需要其技术人员对 RPA 的运营环境进行精心设置及高度维护。

同时，我们要警惕业务"黑盒化"风险，即某些业务的细节处理方式除了最初部署的业务人员，就只有 RPA 机器人知道。随着 RPA 的运用，原本部署业务的人员也已经生疏遗忘无法确切地把握细节的情况。

2. 原人员影响

首先，招商局港口财务共享中心或多或少会因为员工受疫情管控无法正常上班而导致缺少人手，从而影响到企业的正常运行。当企业普及运用 RPA 后，本身便可以大大减少财务人员的人数，即使员工无法正常上班，RPA 作为公司的由程序构成的虚拟员工，可以自动化处理与执行业务的每一个细节，保证财务部门平稳进行工作，可以有效减少此类尴尬的情况发生。

其次，RPA 在企业中的运用可以使企业中原本属于不同层级的部门统一管理，甚至有助于集团对各个子公司进行管控。在过去，由于集团很难随时随地实现时间或空间维度的细化管理，有些集团的资金体量庞大，交易频繁且口径不同，很难生成以"日"为单位的集团资金报表，最多以"月"甚至季度来作为单位进行监管。当集团引入 RPA 后，便可以优化资金日报表流程，真正实现集团层面的精细化管控。

RPA 可以使企业进行"高频度""细颗粒"的精细化管理，让招商局港口集团的业务、财务等流程中的风险（如资金风险）尽早暴露、无形中加强了对财务人员自身道德素养和职业的要求，明确归责，提升管理效率。

（五）未来展望

RPA 技术的运用于企业财税领域，大大减轻了企业在财务管理与税务申报中的难点痛点，通过系统的处理、流程的优化、辅助的操作，减少了大量烦琐、简单、无序工作，释放出企业人力资源，大大提升了财务人员的工作效率。相信未来 RPA 财务机器人将成为财务管理变革中的重要力量，成为企业管理不可或缺的一部分（见表 3-2）。

表 3-2　　　　　　　　　　RPA 技术的应用领域

应用范围	国家	主要内容
推进政府数字化转型	美国	特拉华州政府通过对账本的加密，同时通过分布式的记账技术对合同和其他数据进行存档，这种方式不仅可以保护政府的财务信息，同时也削减了异地物理的储存成本
	爱沙尼亚	政府以智能财务技术为基础制作加密数字，形成独有的 ID 卡，每个用户可以利用智能财务共享平台在政务数据库中验证自己的信息，提高了原有的工作效率，且更加便于获取信息
	迪拜	利用生物识别验证系统以及智能财务技术对进入迪拜机场的人建立数字护照，通过"事先认可以及完全数字化"的形式允许乘客进入迪拜
推动金融业降本增效	日本	瑞穗金融集团使用智能财务技术来减少跨境证券结算的成本和风险
	澳大利亚	交易所 ASX 通过和智能财务技术的创始 DAH 公司开展合作，开发了以智能财务技术为基础的登记结算系统，并且在证券交易中应用了智能财务技术
	德国	德国能源公司和当地电动汽车充电基础设施的提供商进行合作，利用智能财务技术形成了新型的电子钱包，不仅改变了原有的支付方式，使人在汽车上进行便可以自动付款，而且简化了交易程序
用于产权确认和交易	瑞典	瑞典的土地登记结构利用智能财务技术降低了财产和土地登记的时间，从根本上降低了存储管理土地数据的成本
	美国	美国 Pryor Cashman 公司推出 Monegraph 平台，一种以区块链系统为基础形成的分配全球授权和版税的平台，不仅能够让不同的数码产品创作者拥有自己独有的创作许可，同时也能够按劳获得报酬

续表

应用范围	国家	主要内容
用于贸易物流等领域	新加坡	新加坡 Yojee 公司联合人工智能和智能财务技术,将装载到运输再到取件全过程透明化,减轻了物流供应商的运营成本
	瑞士	瑞士的邮政调整了由 Modum 公司所开发的区块链解决方案,应用于运送药品或是一些温度敏感的产品上,进而保证这种运输方式能够符合法定要求
用于社会民生事业	英国	英国的 Start Network 与 Disberse 公司配合,通过智能财务技术来查询资金流向,这种方式不仅可以将慈善资金的作用发挥到最大,同时也有利于减少资金滥用的行为
	美国	美国食品药物管理局和 IBM Watson Health 公司联合签订了开发协议,进一步通过智能财务技术来让患者的数据能够共享,从而提升了卫生数据透明度和改善了安全性低的问题

以上是部分国家对 RPA 的运用事例。不难看出,RPA 技术在海外企业已经广泛应用了,当前全球接近 90% 的政府与企业都在开展 RPA 技术的投资与开发。

不仅在财务方面布局,还不断拓展新的领域,打破了产业前所未有的创新的边界,在很多核心、热点问题上展开了试点活动,如将区块链项目融入 RPA 理念中,收效显著,有针对性地缓解了民生问题,使大众行业大放异彩,在小众群体中也颇有成色。目前传统企业要想紧跟信息化时代的潮流,应紧跟时代的巨轮滚滚向前,完善自身不足,积极吸取国外 RPA 技术成果的经验。

放眼未来,智能 RPA 财务机器人将改变未来财务管理运营模式,并推动财务职能更加灵活、迅捷、智能发展,不断冲击未来 CFO 管理方向,重塑未来工作方式和财务职能,合适的环节运用新兴技术,才能紧跟时代的步伐,提高企业财务的生产力,带动业绩的增长。期待更多企业拥抱 RPA 技术,一同开启财务共享与智能高效融合的发展新局面。

四、结语

后续,招商总局应继续加强 RPA 与企业财务共享中心的进一步深化融合,借助 RPA 技术完成财务数据的分析、积累,助力企业提质增效,推动企业向自动化、数字化、智能化快速转变。

案例4 沧海桑田，智能当道
——以海通证券数字化赋能财务管理为例[①]

海通证券是我国最早成立的证券公司之一，其稳健创新的企业精神使其在面临数字化时代洪流时稳居行业前列。海通证券在乘着国家"十三五"规划的东风，积极开展智能财务实践，逐步搭建起覆盖全面的财务信息系统架构。文章以海通证券为例解释了数字化赋能财务管理的含义及其作用机制，首先分析海通数字化赋能财务管理的具体做法，进而通过海通自身财务指标前后对比以及行业平均值对比，分析数字化赋能财务管理的成效以及此项技术的独特性。同时通过研究也发现海通证券运用此项技术的不足之处，最后做出总结，海通证券将继续深化财务转型、践行数字财务，力图实现长足发展。

一、未雨绸缪——实践背景

（一）知人论世——现实背景

1. 国家正处于全面数字化转型阶段

2020年5月，国家发展改革委官网发布"数字化转型伙伴行动"倡议，该倡议倡导形成"数字引领、抗击疫情、携手创新、普惠共赢"的数字化生态共同体。此乃数字化转型概念的首次提出，随后在"十四五"规划中，"数字化"出现频率更是高达六次，且国家对服务业、金融、公共文化、政府、数字经济、数字中国等不同方面都提出了相应的要求。由此可见，数字化是国家未来发展的重中之重。

[①] 作者：邓雅雯、缪丽、吴钰琪、何洁华、梁子杰
指导老师：陈建林、罗勇根

2. 传统财务正在向数据财务转变

在传统财务的工作模式下，企业的业务与财务相互分离，会计人员大部分工作时间消耗在重复劳动、标准化核算工作中，还会出现难以查清错在何处的情况，这无疑拖慢了整个财务体系运转的速度，企业对人员能力的利用没有达到最大化，企业自身也没有达到最大效益化。而如今数字化智能化正成为新一轮全球生产力革命的核心力量。财务的发展面临着新机遇。通过对云计算、大数据等技术的运用，数据计算与数据核对变得更加快捷也更加准确，这大大减少了财务人员的工作量，促使着传统财务向数据财务的转变。这也同时表明财务领域的发展紧跟国家发展的步伐，呈现出向财务数字化、智能化的发展态势。

3. 外资券商积极进入中国市场

随着我国对外开放力度的不断加大，资本市场也不断开放。取消 QFII、RQFII 等投资额度限制、提前取消部分外资股比限制等举措吸引外资券商纷纷进入中国市场。外资券商入华在提升了证券市场的竞争力、助力我国经济发展的同时也对中资证券机构发起挑战，形成"同台竞技"的局面。财务作为证券公司中后台的管理部门，需要与相关科学技术紧密结合，通过智能数据分析等方法加强公司管理、预估市场发展方向，以稳固公司日常运营并提前进行相关战略的部署。

（二）各抒己见——文献综述

刘梅玲等认为，智能财务是指将以人工智能为代表的"大智移云物区"等新技术应用于财务工作，对传统财务工作进行模拟、延伸和拓展，以提高会计信息质量和会计工作效率，节约会计工作成本、提升会计合规能力和价值创造能力，增强企业财务在管理控制和决策支持方面的作用，以财务的数字化转型带动企业的数字化转型进程。

为适应新大背景环境下的不断发展，企业进行智能财务建设已成为必然趋势。但要想建设好智能财务体系并非易事，企业必然会遇到财务人员冗余、技术与企业的不适配等各种各样的问题，需要逐一突破。因此，许多学者都对企业智能财务建设这一领域发表了自己看法的同时也提出了一些建议。郑蕊与李晓敏认为企业应结合企业的财务管理模式和商业发展战略，建设一支适合本企业发展的复合型财务人才团队，保障数据的有效性和可靠性，帮助企业逐步建立属于自己的数字智能财务处理平台。佟成生等提出了企业要进行风险分类、全面识别风险、恰当应对风险、密切跟踪风险等措施以做好智能财务建设过程中的风险识别及应对工作。黄毅鹏则是针对财务共享中心的建设提出对应的优化措施:确保智能信息系统的安全搭建、坚实财务共享服务中心的数据流支持、保证人工智能技术的人力资本积累、加速 RPA 向人工智能多元化应用的财务共享模式转变。

二、眼见为实——案例介绍

海通证券股份有限公司(以下简称"海通证券")是国内成立最早、综合实力最强的证券公司之一,拥有一体化的业务平台、庞大的营销网络以及雄厚的客户基础,经纪、投行和资产管理等传统业务位居行业前茅,融资融券、股指期货和 PE 投资等创新业务领先行业,属于券商行业的头部券商。

截至 2021 年年末,证券行业总资产为 10.59 万亿元,净资产为 2.57 万亿元,而海通证券总资产达到 7 449.25 亿元,占行业总资产的 7.03%,在所有券商中位列第四。其净资产为 1 631.38 亿元,占行业净资产 6.35%,在所有券商中位列第二(见表 4-1)。

表 4-1　　　　部分头部券商总资产与净资产数据

证券公司	总资产(亿元)	行业总资产占比	净资产(亿元)	行业净资产占比
中信证券	12 786.65	12.07%	2 091.71	8.13%
国泰君安	7 912.73	7.47%	1 471.24	5.72%
华泰证券	8 066.51	7.61%	1 484.23	5.78%
海通证券	7 449.25	7.03%	1 631.38	6.35%

资料来源:各企业年报数据。

2021 年 12 月 12 日,海通证券股份有限公司获得第四届智能财务高峰论坛评选的智能财务最佳实践奖,其计划财务部总经理马中在会上就智能财务应用过程中所取得的创新成果和创新理念及经验进行了交流分享。

三、入木三分——案例分析

(一)抽丝剥茧——具体做法

1. 夯实基础

(1)优化组织架构。

海通证券通过推行科技治理体系"两首创"全面优化改革公司组织架构,

引领公司高质量、高增速发展。其一，首创"一委两办"（信息技术治理委员会、信息技术管理办公室、数据治理办公室）一体化决策架构；其二，独创"一部两中心"（金融科技部、软件开发中心、数据中心）组织架构。为了满足"一部两中心"建设的人才需求，海通证券进一步扩大渠道，吸纳优秀技术人才。2021年7月中旬发布的招聘信息显示，海通证券计划招聘技术人才148人。其中，总部软件开发中心招聘81人，总部数据中心与总部金融科技部的招聘人数分别为33人、15人，三者加起来占总计划招聘技术人才人数的87.2%。人才的加入为"一部两中心"组织架构注入了灵魂。集中储备开发类技术人员、重视自主触探新技术领域以不断提升自身竞争力，是海通证券能够长期处于头部券商的关键原因之一（见图4-1）。

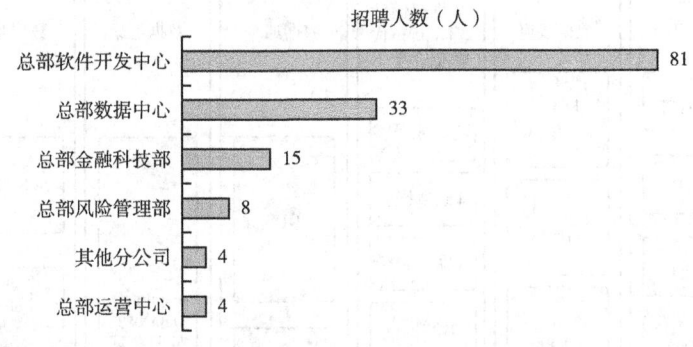

图4-1 海通证券按部门分类岗位需求数量

资料来源：华锐金融科技研究所。

凭借这两项首创制度，海通证券在2021年顺利通过TMMi 3级国际认证，成为证券行业唯一一家通过四大国际权威认证的证券公司，有助于进一步推进公司技术、财务层面精细化、专业化进程，夯实了数字化信息系统建设的根基，为数字化财务管理奠定基础。

（2）基础软件建设。

海通证券打造了企业级智能运维平台"e海智维"以及行业首个混合金融云平台"e海智云"。两大基础运营平台功能互补、相辅相成，对内可以实现90%日常操作的自动化，实时监控企业内部超5 000台设备、近200套系统的数据，并加以数字化分析，以近90%的事件主动响应率，为相关人员迅速提供各方面可视化信息；对外可以在保证海通证券自主可控的基础上，集中整合企业、行业、公有的数据资源，并能够随时依据对方需求，通过超3 000台云虚拟机在2分钟内完成快捷提取交付，真正达成资源共享、开源开放的数字业务化。

2. 强化管理

海通证券基于"数据+科技+场景"的驱动模式，分别建立了一体化企业级数据中台、人工智能平台以及智慧财务平台。

首先，海通证券全力打造新一代自主可控企业级数据仓库，通过数据库同步、数据抽取、网络爬虫、文件交换等方式，以 7 000 余个自定义规则，监管全公司 90 余套系统，日均收集超过 1.5 万个来自不同系统、平台，不同格式、质量的数据，整合并加以格式化，为数据仓库提供统一的、标准的数据，并建立企业资讯平台，将已收集的数据以资讯表的形式推送共享（见图4-2）。

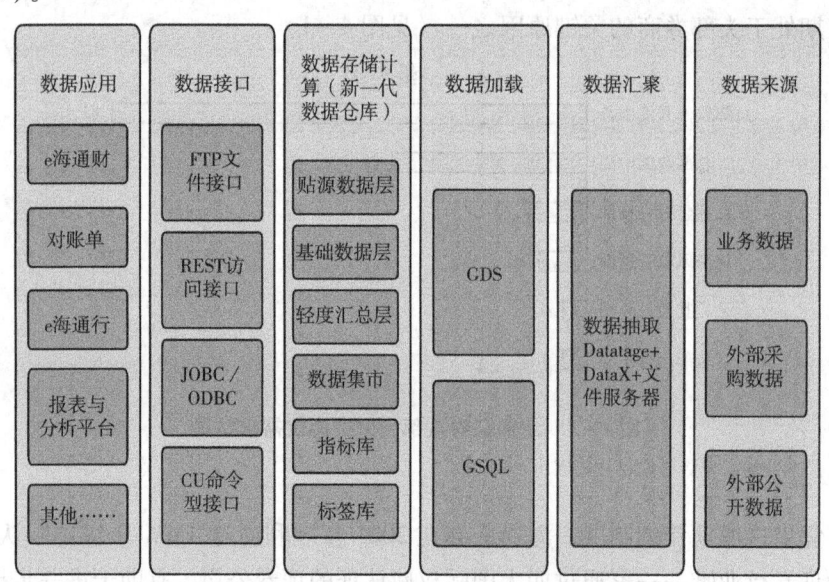

图 4-2 新一代企业级数据仓库总体架构

资料来源：证券信息技术研发中心。

相比原有的数据仓库，新一代数据仓库系统整体性能提升约 30%，损耗降低约 30%，预计未来五年整体 TCO 降低 15% 左右，不仅能够完美解决旧数据仓库响应周期长、存储容量扩展困难等弊端，而且大幅缩短批量处理海量数据的时间，实现了更加快速的数据分析，满足了客户服务、风险合规、运营管理、财务管理等应用系统对数据时效性、准确性的要求；同时，利用架构升级支持容量弹性扩展，更好地支持业务更长时间跨度的数据分析需求，从而提高企业经营管理的有效性（见图 4-3）。

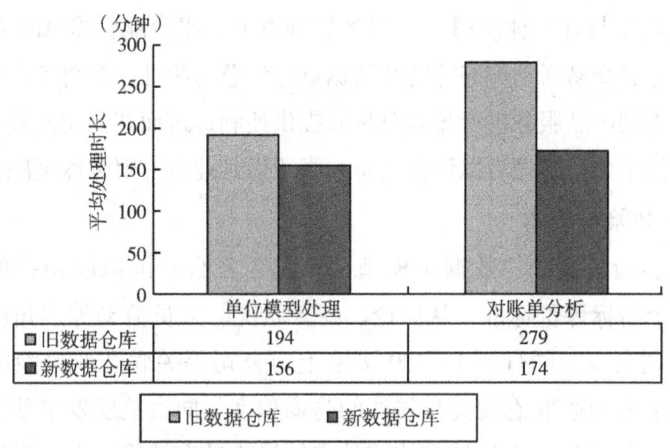

图 4-3　新旧数据仓库性能对比

资料来源：证券信息技术研发中心。

其次，基于庞大的数据中台，海通证券的人工智能平台能够通过机器自主学习，在财务模型评估、可疑交易监测、资产风险预警等方面作出贡献，将基础数据作深度分析与融合，成为实时动态全量数据的集成者，使呈现的数据资料能够同时满足完整性、准确性、合理性、一致性、及时性 5 个维度要求。

最后，海通证券全面深化智慧财务平台建设，通过完备的数据基础与人工智能的进阶剖析的深度融合，实现了常见场景如日常管理、运营、财务、清算、估值的简单化表达及智能监控、智能管理与审核等功能，推动财务管理从低数字化的核算型向高数字化的统筹型转变，不仅能够为母公司各种业务场景提供理性的数字分析，还能够为子公司、伙伴企业赋能，变相提高核心企业高层的协同管理能力与可信赖度。

3. 业财融合

海通证券针对不同客户群体大致需求打造两款应用程序，通过分析客户日常交易行为习惯，描绘客户画像，为客户提供既有针对性也有综合性的服务，小至个人账单、选股建议、个性化营销，大至融资融券、证金托管、大宗交易等服务，致力于打造一站式综合服务平台。目前，两款 App 的月活跃用户数近 600 万，大宗融券业务成交金额超 160 亿元，线上交易占比超 99%，各项指标均居行业前列，业务发展欣欣向荣。

更重要的是，海通证券为了深度融合业务与财务，打造了智能运营平台，在业务处理方面能够做到智能审理与质检，有效分析并规避业务隐藏风险，提高了业务成功率与客户体验感。在财务管理方面,平台能够将App反馈的客户产品功能偏好、交易活动偏好等特征数据进行汇总与统计,为财务人员在对不同客户群体、不同产品服务进行盈利分析时提供便利,进而在公司业务发展与日常经营管理时给予公司管理者以证据支持,真正做到业务与财务深度融合。

4. 控制风险与成本

海通证券通过打造"数据+模型+系统"三合一的风险预警体系,自定义1 700余个指标评价标准,从舆论、财务状况、人员流动等多角度全方位关注分析母公司自身及同行业14 000多家上市公司等关联企业风险因素的变动趋势,评价各种风险状态偏离预警线的强弱程度,向决策层发出预警信号并提前给予建议预控对策,实现精准快速的主体风险动态捕捉,大幅降低不合理决策与违约概率过大业务的发生率。

此外,系统通过对企业财务指标的深度分析,结合成本费用的来源及变动规律,提供对未来经营活动的预算建议,并通过对各部门成本支出过程的监控,从源头上控制不必要的支出或预警异常支出,实现了预算的科学编制,成本费用标准化控制,精细化管理,以帮助管理者更加有效地管理企业和最大限度地实现战略目标,为公司在增收、节支、防风险方面作出巨大贡献。

(二) 焕然一新——成效检验

1. 财务指标分析

(1) 盈利能力分析。

表4-2、图4-4和图4-5列出了海通证券2014~2021年8年的销售净利率、销售毛利率、总资产净利润率指标及其变化情况。从衡量盈利能力的几个指标可以看出,海通证券在2017年以前,即在实施数字化赋能财务管理之前,虽然盈利能力处于较高水平,盈利能力良好,但是不难发现,盈利能力指标波动幅度较大,盈利能力不够稳定;而在2017年后,即使在面对证券市场的剧变(2018年处于杠杆货币紧缩叠加加强监管年,整个证券行业收入都是负增长)时海通的盈利能力指标稍有下降,但总体趋于稳定,表明海通证券在实施海通数字化赋能财务管理后,盈利能力不断增强并趋向稳定,这种变化除了来源于海通的其他应对措施,也离不开数字化赋能财务管理的功劳。持续稳定的盈利能力不仅反映了海通数字化赋能财务管理对海通发展的积极影响,还能提升海通证券在证券市场的融资能力,为海通的长久发展持续蓄能。

表 4-2　　　　2014~2021 年海通证券盈利能力指标明细

	2014 年	2015 年	2016 年	2017 年	2018 年	2019 年	2020 年	2021 年
销售净利率	45.16%	44.22%	31.88%	34.99%	24.28%	30.62%	31.49%	31.82%
销售毛利率	45.19%	46.16%	34.60%	45.67%	31.86%	39.79%	41.23%	42.92%
净资产收益率	11.88%	17.56%	7.39%	7.56%	4.42%	7.81%	7.88%	8.09%
总资产净利润率	0.89%	1.14%	1.57%	1.80%	1.04%	1.74%	1.81%	1.91%

资料来源：海通证券官网。

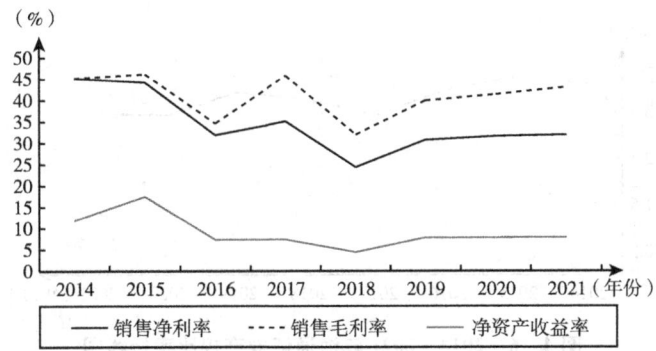

图 4-4　2014~2021 年海通证券盈利能力指标折线图

资料来源：海通证券官网。

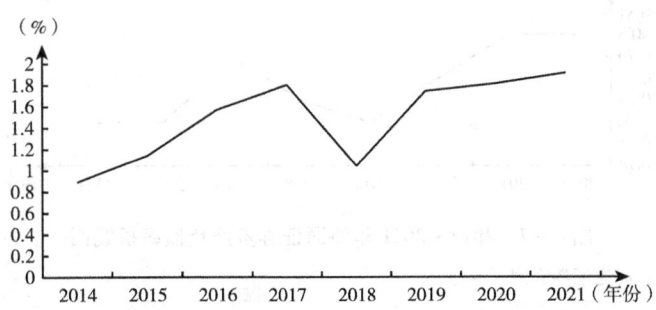

图 4-5　2014~2021 年海通证券总资产利润率折线图

资料来源：海通证券官网。

(2) 偿债能力分析。

表 4-3、图 4-6 和图 4-7 列出了海通证券 2014~2021 年 8 年的产权比率、资产负债率指标及其变化情况。从衡量偿债能力指标中可以看出，海通证券在 2017 年前，即实施数字化赋能财务管理前，产权比率和资产负债率处于较高水平；在 2017 年后，产权比率和资产负债率趋于下降。

2017 年后海通偿债能力的上升意味着海通证券目前具有较好的声誉和债权人信任度，企业未来筹资前景乐观。

表 4 - 3　　　　　　2014～2021 年海通证券偿债能力指标明细

	2014 年	2015 年	2016 年	2017 年	2018 年	2019 年	2020 年	2021 年
产权比率	4.10	4.27	3.99	3.44	3.77	3.93	3.43	3.48
资产负债率	79.51%	79.72%	78.26%	75.74%	77.34%	77.84%	75.78%	76.14%

资料来源：海通证券官网。

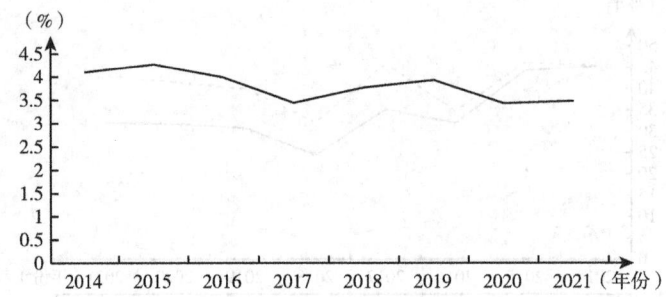

图 4 - 6　2014～2021 年海通证券产权比率折线图

资料来源：海通证券官网。

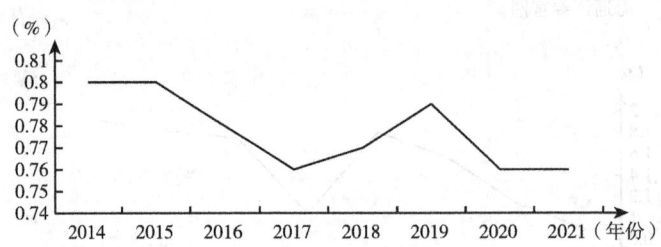

图 4 - 7　2014～2021 年海通证券资产负债率折线图

资料来源：海通证券官网。

(3) 综合实力分析。

海通证券自"十三五"规划之初开始，积极开展智能财务实践，逐步搭建起覆盖全面的财务信息系统架构。"十四五"期间的目标是从数字海通 1.0 时代向以"敏捷化、平台化、智能化、生态化"为特点的数字海通 2.0 迈进。2017 年作为海通证券智能财务的分水岭，资产总额较 2014～2016 年资产平均总额翻了一番。2014～2016 年，监管层推出多项改革措施，虽然在一定程度上助推了海通集团企业规模扩大，但即使有政策因素的效果存在，也难以导致海通证券总资产陡然上升两倍之多,因此我们不难得出实施数字化财务赋能对海通证券蒸蒸日上的发展起到了锦上添花的作用,证实了数字化赋能的重要性(见图4-8)。

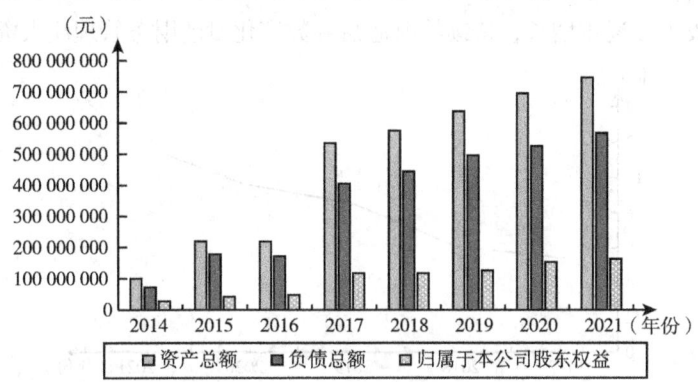

图4-8 2014~2021年综合财务状况

资料来源:海通证券官网。

海通证券一方面提高财务工作效率,加强管控,防范风险;另一方面积累了大量的数据资产,以数据为基础挖掘、整合有效信息,为公司业务发展和经营管理提供支持,起到业财融合的效果。从图4-9中可以看出,各项综合财务指标在2016年后大多有了明显的提升,虽因2018年证券行业整体冲击,海通证券部分指标有所下降,但次年能够迅速调整回升并持续稳定增长,可见数字化赋能战略的实施能够在一定程度上抵御大环境下的不良影响,为海通的长期发展注入了强大力量。

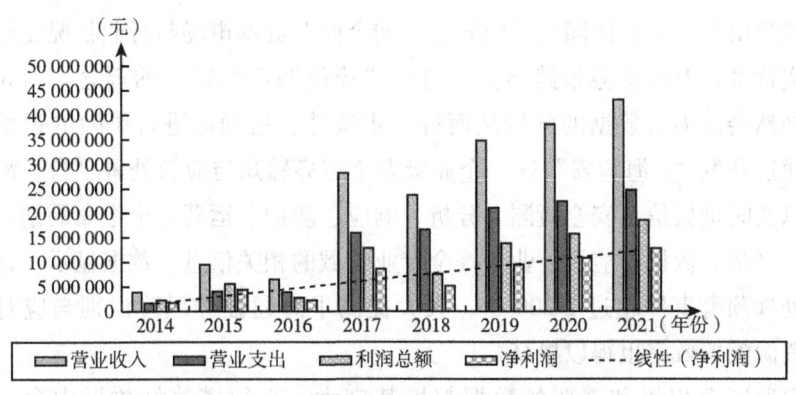

图4-9 2014~2021年海通证券综合业务指标

资料来源:海通证券官网。

在2016年实施开展了财务数字化赋能后,海通证券不仅从人才队伍建设方面进行革新，还将所有能运用的高科技手段都融入海通证券财务信息化建设当中。如图4-10所示，在财务数字化赋能之后，海通证券愈加重视信息技术的发展，资金投入量逐年增长，持续给海通财务数字化赋能财务管理注入资金支持。

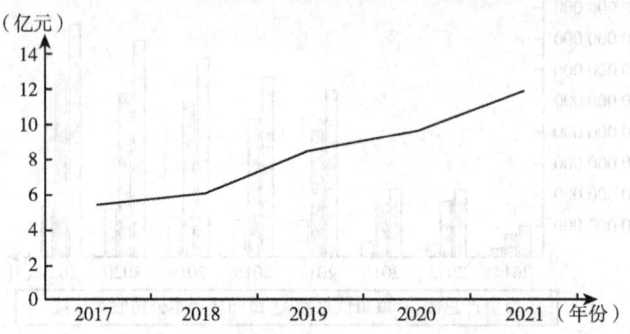

图4-10 2017~2021年海通证券信息技术投入

资料来源：海通证券官网。

2. 自成一格——海通证券选择数字化转型的独特性

海通证券秉承着"稳健乃至保守"的风险管理理念，通过将信息技术与风险管理体系相结合，形成更加自主的监控机制。海通证券经历从"建起来""站起来"到"大起来"，且正步入"强起来"阶段的过程。正是由于坚定"行稳致远"的风格，海通证券30多年来才能不断发展壮大，毫无中断。在此过程中，其自身早已搭建了一套覆盖全公司的风险管理体系，能够有效管理市场、信用风险、流动性、营运等各方面风险，并有较好的应对措施。证券市场的风险出现一般会伴随数据的异常。如今面对资本市场与行业状况变幻莫测的现实背景，海通证券依然会保持自身"稳健乃至保守"的理念，因此海通证券必然会加强对数据的分析从而进一步快速、精确地进行风险的识别与应对。通过开发"e海智安"这一企业级安全态势感知与应急处置平台，海通证券得以实时把握信息安全检测、分析、响应、防护、运营等全生命周期，以及系统、网络、数据、应用、业务等全专业领域的相关信息。数据显示，该平台月均处理预警事件超过1 200个，大大提高了海通证券风险识别与应对的能力，资源配置效率也得以提高。

海通证券积累和需要的数据都极其庞大，必须搭建好数据中台，构建"数据湖"，为业务的展开以及公司的运作打下良好根基。目前，海通证券在全国范围内共有9家子公司、10多家分公司、将近200家证券营业部及301家营业网点，相较于其他证券公司，海通证券具有资产规模较大、业务范围较广、交易渠道众多等特点。同时也正因为如此，海通证券自身也需要搜集各方面的消息与数据从而较好地进行全方位管控，提高透明度。除此之外，海通证券是国内成立最早的证券公司之一，是自成立至今30多年来尚在营运且未更名、未被政府注资、未被收购重组的唯一一家证券公司，其自身原有的数据也是庞大的。所以海通证券面临着需存储的业务数据量大、整合各部门数据信息难度大、核心机密数据安全性低等问题。海通证券抓住数字化发展的机遇，通过投入巨资搭建企业级数据中台，加强数据和元数据的质量管理，支持超1.5PB的存储，内存容量超9TB，CPU内核超1 000个，已接入90多套系统，每日运行作业超1.5万次。此举不仅将数字业务化使之成为公司次级业务，推动公司净利润增长，更是有针对性地以智能化的方式解决了昔日的数据困境问题。

海通证券注重全面集团化发展，通过建设一体化平台以增强母子公司的粘性，建立有效的内部管理模式。海通证券坚定"一张蓝图绘到底"的核心发展战略不动摇，集团化则是其中的重要一环。早在2016年，海通证券的子公司营业收入就已经占集团总收入的56.73%，2017年更是增长至63.15%。目前海通证券控股的子公司有9个。其中，上海惟泰置业管理有限公司、上海泽春投资发展有限公司、海通期货股份有限公司都是由海通证券进行收购整合而成的。除这三家外，海通证券仍通过非同一控制下企业合并的方式取得其他一定数量的公司，组成整个集团体系。而这些公司在此之前已经形成符合自身原本发展的组织结构与治理结构，同时也具有完善的制度规定、管理机制以及工作流程体系等，因此在各方面都与海通证券自身有着一定的差异性。除此之外，海通证券不仅涉及的业务极广，而且其中资管、期货、租赁、公募基金、股权投资等业务都是以子公司形式独立运作，各业务差异性又极大，不同公司间的运作方式必然有所不同。因此，海通证券作为整个集团化体系的重要领导公司，不管是从收购方面考虑还是业务运作方面考虑，都必须想办法增强母子公司的黏性，建立有效的内部管理模式，以增强对子公司的监控管制并提高自己本公司的工作效率。通过建设一体化平台，改变传统的以手工为主的管理模式，公司的发展战略制定、计划发布以及风险跟踪评估、子公司一体化管理等工作全面实现数字化，海通证券再一次搭上了时代发展的便车，并享受其带来的红利。

3. 同源异流——数字化赋能财务管理的同与异

（1）道殊同归——数字化赋能财务管理的共性。

除了海通证券开展的智能财务实践外，财务数字化还被广泛地运用在多个行业中。尽管都是进行一定程度上的财务数字化发展,不同企业或不同行业都有符合自身发展的不同表现形式。但无论企业如何表现,都离不开一个"基本盘",也就是共同点。财务数字化几乎都由两个基础组成,一个是数据基础,另一个是管理基础。首先,数据基础是共享服务工作经过标准化、流程化等一系列科学工作之后的处理流程和操作准则,是保障数据从源头到终端就遵循统一规划的逻辑性原则的重要原则。其次,管理基础具有统一的标准,并且这个标准始终贯穿在服务的全过程中,统一标准主要体现在五个方面,即会计政策、会计科目、信息系统、核算流程、数据标准全统一(见图 4-11)。

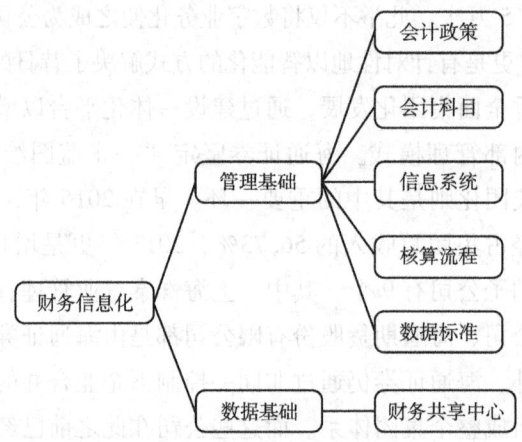

图 4-11 财务信息化的"基本盘"

资料来源:彭卓的"基于会计大数据的公立医院"。

(2) 大同小异——财务信息化的"因地制宜"。

当将财务数据化运用于除证券行业以外的行业,其会由于企业所处环境的变化而呈现出不同的特点。海通证券作为一家证券公司,会更看重财务数据化带来的整个公司运营能力的提升,还为此专门搭建前台、中台、后台,全方位发展建设。然而处于医疗行业的同济医院,与海通证券相比就会更看重它优化业务流程的能力。同济医院的财务信息化,是基于集成管理和协同管理理论将经济业务分为五个模块,分别是预算管理模块、会计核算模块、合同管理模块、奖金管理模块、成本核算模块。在此支持下,原本较为烦琐和分散的工作内容及流程得以优化,在很大程度上提升了工作人员的工作效率。另外,由于公立医院具有多头管理的特殊性,无法直接套用企业推行 ERP 的模式来推行HRP,这种局限使医院的管理信息化无法进行整体建设。因此,即使都是对财务数据化进行建设与运用,"因地制宜"的现象仍是存在的。

四、洞见症结——现状

"大、智、移、云、物、区"等数字技术驱动下的管理会计将更多地向分析、建议和预测转变,其发展趋势是管理会计信息化。未来,管理会计将朝着"数据标准化、来源多元化、判断智能化、应用共享化"的方向发展,利用数字化赋能,提升财务精细化管理水平。

第一,财务岗位职能单调,复合型专业人才匮乏,与数字化相匹配的财务人才体系尚未建立实现。

目前我国尚未形成完整的管理会计人才资格认证制度和对管理会计进行规范化管理的评价体系,企业的管理会计实践处于自发无序状态,对相关人才技术和能力要求不统一,于是传统财务人员大量过剩,高端复合型人才严重稀缺,导致很多企业在财务信息化建设方面,面临一定的人才瓶颈。

第二,数据的标准、质量和支撑体系有待完善,与数字化相匹配的数据治理体系尚未形成,管理信息系统建设亟待完善。

目前,与我国国情相适应的管理会计理论体系尚未形成,理论研究与实际应用存在一定距离。

第三,数据系统化率较低、"数据孤岛"大量存在,与数字化相匹配的基础数据不完整,数据应用服务能力较薄弱,相应技术方法应用率低。

数字化的基础是数据。

第四,系统数据架构对分析需求的响应速度慢,预算管理核算效率低,全面预算管理执行力弱。

由于大量数据实时更新,要分析汇总的数据越来越多,留给挖掘有价值数据的时间窗口越来越短,而传统分析系统的处理无法满足时效性要求,大大降低业务数据的分析价值,导致重要的商业机会稍纵即逝,企业无法及时依据外部市场的变化而调整自身管控和防范应对做法,从而重新规划企业战略目标,为企业发展抓住市场机遇。

五、再接再厉——不足

即便海通证券面临智能财务转型的各项堵点作出了相应有效的应对措施,

其仍然存在一些不足值得我们注意。

第一，专职培训工作人员占比不足，现场培训覆盖面低，培训数字化转型的人才任务任重而道远。

虽然海通证券的公司组织框架完善，各部门设立的岗位齐全，且在培训员工方面搭建了线上企业大学——海通财富管理学院，构建了系统较完备的干部梯队培训计划和专项培训计划，但其对于智能财务方面的复合型人才仍存在人才瓶颈问题。海通证券的业务线复杂、专精度高，导致员工积极性低，人员培训无法全面覆盖，且现场培训的工作人员不足，培训难度加大、效率降低，因此现场培训一般只包含公司董事、监事、中高级管理人员、公司控股股东等高层人员。而普通员工通过线上开设的讲座培训学习及考试验收机制监督性低，无法验收其理论知识学习是否转换为实践能力，因此无法有效检验员工培训成效。这就导致传统财务人员不能有效达到数字化智能化转型的要求，岗位职能不匹配，技术运用人才缺失，不能充分展现智能财务技术的优势，在一定程度上制约着海通证券智能财务的转型。

第二，缺乏有效的人员管理制度与相关内部控制，易出现违法违纪甚至信息泄露等问题。

据中新经纬统计，2022年以来，海通证券已4次被证监系统出具监管措施。最近一次则是由于海通证券在首次提交的保荐工作报告等材料中未披露发行人实际控制人熊某某涉嫌行贿的事项。这导致该问题出现的具体原因不论是海通有意而为之还是内部人员的工作失误，都指向着海通证券的业务流程与监管制度有所疏漏，对内部人员的管控不够严格，缺乏相关的有效内部控制。虽然智能财务转型需要数据化智能化技术的支撑，但加强对企业内部人员的管理也是不容忽视的。且正因为是处于数字化转型阶段，若对员工的管控或自身内控放松警惕，还有可能出现数据泄露等更严重的问题。无论技术如何高效发展，如何解放员工的劳动力，员工始终是一个公司赖以生存和发展的基石，新技术的运用永远无法代替对员工的合理有效管控。

六、故我依旧——结语

在信息化的时代背景下，管理信息化与数字经济化无疑是企业发展的新趋势，同时大数据、人工智能、移动互联网、云计算、物联网、区块链等技术的出现给财务管理带来了颠覆性变革，而海通证券通过财务管理进行数字化赋能的实践，使海通证券搭上了时代进步的快车。

海通证券以"两首创"的科技治理体系对公司的组织架构进行全面优化，再以两大基础运营平台"e海智维""e海智云"建设其软件基础，还以"数据+科技+场景"的新驱动模式加强对企业的管理，除此之外，还有业财融合、风险监控等方面。很明显，管理会计数字化转型是未来企业管理发展的必然趋势。海通证券也将继续深化财务转型、践行数字财务，通过数字赋能，推动集团管理能级的全面提升。

参考文献

[1] 刘梅玲，黄虎，佟成生，刘凯．智能财务的基本框架与建设思路研究 [J]．会计研究，2020（03）：179-192．

[2] 郑蕊，李晓敏．企业智能财务体系构建 [J]．合作经济与科技，2022，（06）：140-141．

[3] 佟成生，刘梅玲，王总胜，黄虎．智能财务建设之风险管理 [J]．商业会计，2020，（14）：8-12．

[4] 黄毅鹏．人工智能背景下的企业集团财务共享中心建设 [J]．财会学习，2020，（29）：7-8．

[5] 张信军，马中，陈巍鋆，刘兆旭．财务数字化赋能管理会计研究——海通证券数字财务实践 [J]．中国管理会计，2022（01）：90-97．

[6] 马中，潘飞．财务数字化赋能管理会计实践 [J]．中国管理会计，2022（01）：12-19．

[7] 贺小滔，孙健，梁莉．数字化转型赋能财务转型升级——基于中国石化西北油田分公司的案例研究 [J]．管理会计研究，2021，4（Z1）：27-34，101-102．

[8] 张庆龙．下一代财务：数字化与智能化 [J]．财会月刊，2020（10）：3-7．DOI：10.19641/j.cnki.42-1290/f.2020.10.001．

[9] 杨玉峰，吕杨，刘佳琪．关于银行业拥抱数字产业化和产业数字化发展新形势的思考 [J]．国际金融，2021（11）：47-54．

[10] 赖娟英．会计数字化对财务管理的影响 [J]．财经界．2020（16）：211-212．

[11] https://www.snai.edu/sj/info_535.aspx?itemid=40610．

[12] https://m.qinxue365.com/Accounting/363504.html．

[13] https://www.sohu.com/a/443987712_120988533．

案例5 基于财务智能化的业财融合研究

——海尔与格力的比较分析[①]

摘　要： 在不断发展的大数据互联网时代，随着经济的高质量发展，传统意义上的单一财务管理模式已经不能满足和维持企业在这样的时代继续发展。企业逐渐开始采用业财融合模式服务企业战略发展，利用财务智能化促进业财融合信息的集合，实现了财务对业务的高技术、高效率全程监督。当今，业财融合模式不断发展，尽管现存理论文献并不完备，但是多数企业已经在实践中利用业财融合助力企业发展。本案例阐述了基于财务智能化的背景下的海尔集团、格力电器企业的业财融合发展的案例，并分析、结合两者的异同点提出值得其他企业发展业财融合可借鉴的经验。希望更多的企业通过发展财务智能化，促进业务财务更紧密地结合，推动企业业财融合的发展，实现财务人员职能转型升级，不断服务于企业战略的实现与升级。

关键词： 财务智能化；业财融合；企业战略实现

一、财务智能化的背景

（一）我国财务智能化的现状

自2017年国务院发布《新一代人工智能发展规划》，以及人工智能技术和其应用被写入党的十九大报告以来，人工智能产业提升至新的地位，掀起人工智能发展的大热潮。随之而来的是以人工智能为主的大数据、云计算、区块链、移动互联、物联网等现代技术渐渐改变着财务工作的岗位、职能、流程、

[①] 作者：姚茵雪、王少华、袁钰茹、崔含靖、蔡哲楠
　　指导老师：陈建林

内容和模式。2021年3月全国两会的政府工作报告中多次提到"数字经济"的建设,通过"数字经济"推进"数字中国"的建设,由此可见,数字经济成为社会关注的焦点,是推动着中国经济高质量发展的利器。《2021年中国企业财务智能化现状调查报告》(以下简称《报告》)显示,我国企业的财务智能化理念已广泛普及,对于参与调查报告的企业,过半的企业员工对财务信息化比较熟悉(见图5-1)。

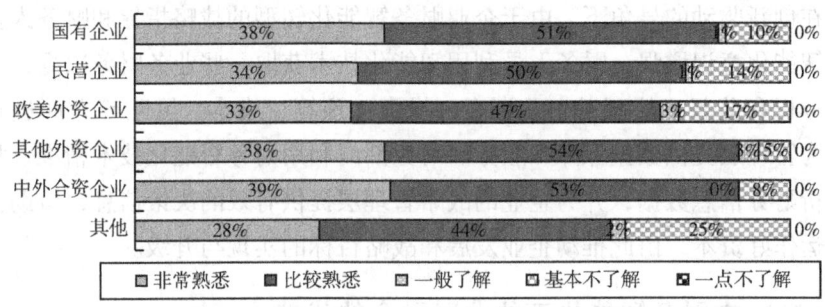

图5-1 对所在企业财务信息化的熟悉程度

数据来源:《2021年中国企业财务智能化现状调查报告》。

其中,国有企业的熟悉程度较高,可见国家对于财务智能化的重视。《报告》还就企业对各项技术采用及规划情况进行了调查,如图5-2所示。被调

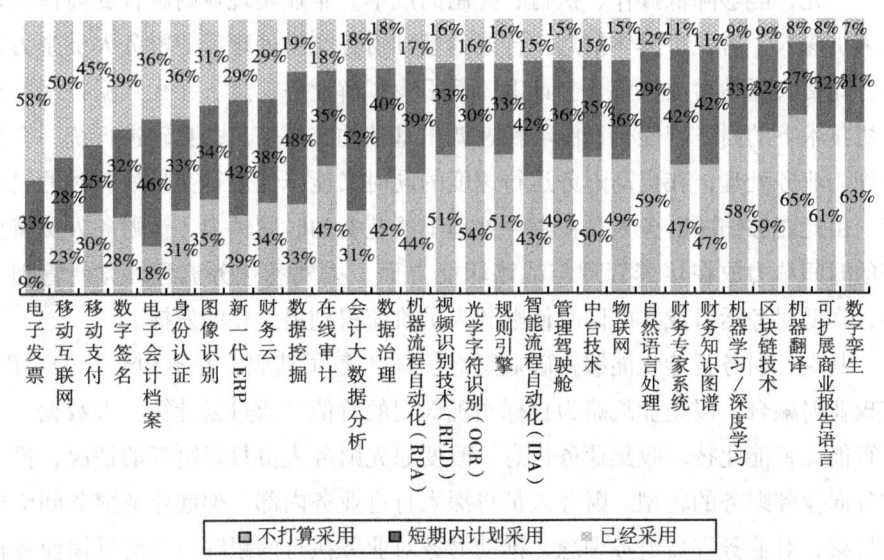

图5-2 对所在企业对各项技术的采用及规划情况

数据来源:《2021年中国企业财务智能化现状调查报告》。

查者采用最多的技术是电子发票,占调查企业的58%。由此可见,目前我国财务智能化建设中,基础交易工作大部分由智能化技术替代,此时财务人员的职能发生了转变,由原先的记账先生变为管理参谋、战略助手,财务人员将更多的工作重心放在财务智能化应用、服务企业战略上。

《报告》调查显示,财务人员的职能转型以及能力提升依靠于财务人员的学习能力,将业财融合、人工智能、新技术、管理会计作为学习方向和培养方向。在创新驱动的号角下,由于企业财务智能化转型的战略指导和财务人员的财务智能化意识增强,财务人员利用智能化技术获取一些业务财务数据,对其进行分析和监督,从而对企业资金、投资、预算、成本、风险等方面进行管理,为管理层提供数据保障和服务。财务部门利用财务智能化技术精准、科学地分析财务信息数据,并为企业的战略管理层提供有效的决策信息,协助公司高层运作好资本,由此推动企业发展和战略目标的实现与升级。

(二) 在财务智能化下的业财融合的优势

结合财务智能化的业财融合为企业创造更大的价值,主要优势在于其能够为企业降低成本、提高效益、优化流程,进而更好地服务于企业经营目标和战略实现(见图5-3)。

首先,能够降低操作、执行、控制的成本。企业实现业财融合的前提是财务人员深入了解业务具体信息。传统的基础财务交易处理需要财务人员亲力亲为,花费大量精力放在整合会计上,而很少了解业务信息。在大数据技术与计算机技术下的财务智能化,能够快速调出基础的交易信息并自动进行统一会计处理、业务处理,在提高财务运行速度的同时又能降低进行交易处理时的错误率,由此能够缩减财务人员在财务处理上所花费的时间精力,让财务人员将更多的时间精力放在培养管理与战略职能方面,去熟悉业务流程,方便管理业务,降低财务运行成本的同时使财务人员价值得到最大化的发挥。

其次,财务智能化能够打破业财部门间"各司其职,互不相干"的局面,实现业财融合,以企业战略为目标实现部门的价值。通过云计算、大数据、人工智能等智能化技术收集业务信息,改变原先财务人员只管财务的情况,推动财务向业务财务的转型。财务人员将深入打进业务内部,架起业务财务间沟通的桥梁,对业务宣贯财务理念,推动财务对业务执行的跟踪,及时反馈业务信息,着力解决业财融合中因财务与业务部门目标不同,导致协作上产生的问题。财务业务的组织模式。由于业务财务在业务上的配置,财务人员能够及时

案例5 基于财务智能化的业财融合研究

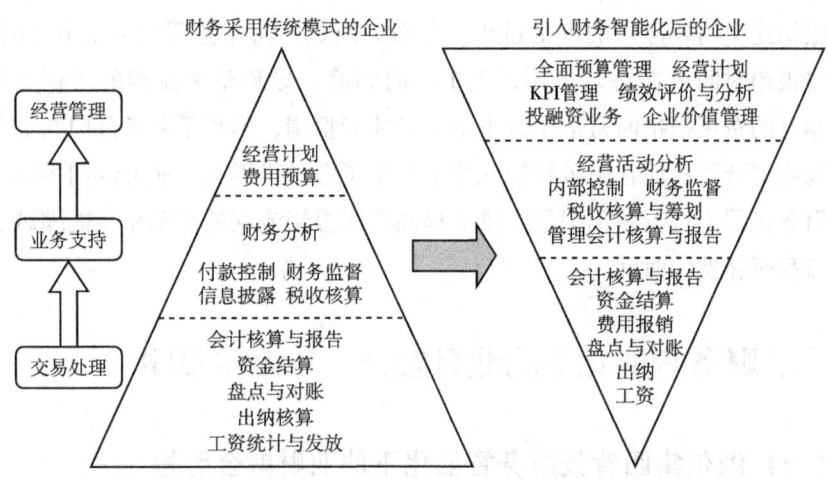

图5-3 财务智能化后工作重点、人员岗位发生的变化
数据来源：财务管理智慧。

了解各部门的实际情况，从而为企业提供有用的信息，并将实时处理嵌入业务过程中，把财务深入业务活动中，对获得的数据信息进行整合，为业务提供数据服务和支持，对未来业务量进行准确预测。业财融合将各部门的目标价值转化为企业的战略目标，使业财融合模式更好地与企业战略相匹配（见表5-1）。

表5-1　　　　　　　　　　业务财务的组织模式

企业价值链	市场	研发	采购	生产	运输	销售	售后
业务财务配置	产品财务经理	研发项目财务	供应链财务			国家财务	营销项目财务
业务财务职能	产品市场分析 产品预算管理 产品成本管理 盈利能力分析 业绩推进	基于HPPD的研发财务管理 财务评估 目标成本管理 研发费用管理	材料成本分析 发货成本分析 供应商分析 库存成本分析 采购成本分析 运输成本分析			商务报价支持 收款跟踪与协调 经营情况分析 汇率研究	客户分析 项目盈利分析 投标方案优化 项目签约评审 项目执行跟踪 项目复盘

资料来源：财务管理智慧。

除此之外，财务智能化还能够优化业务流程。在推进业财融合中，部分企业会存在业务流程不足的问题，就好比费用报销流程不足的问题，业务人员时常需要自行判断报销费用的类别，但由于业务人员并不是专业的财务人员，对专业知识匮乏，容易出错，在选择费用类别时需要询问财务人员，若出现错误就要返回重改，加大财务人员工作量的同时，也使整个费用流程滞后。另外，费用报销途中需要严格的审批过程，花费时间长，而业务部门为了节省时间，一般将报销时间放在每月下旬，上报的时间晚，导致整个流程的进程受到拖延，本月的费用报销时常下个月下下个月才能报销，不利于财务部门与业务部门之间协同合作。而在财务智能化之下产生了财务机器人，业务部门可以直接使用财务机器人进行费用报销，既能提高费用报销流程的准确率又能缩减费用报销流程所花费的时间。

二、财务智能化下的业财融合——海尔集团

（一）海尔集团背景财务智能化下的业财融合历程

海尔集团于1984年在中国青岛创立，创立至今，海尔紧跟时代节奏，坚持"人的价值第一"的发展主线和以用户体验为中心的服务理念，从资不抵债的集体小厂，历经名牌战略、多元化战略、国际化战略、全球化品牌战略、网络化战略和生态品牌战略等六个阶段，成长为综合实力强劲的全球化物联网生态平台（见表5-2）。2019年，海尔正式宣布更名为"海尔智家股份有限公司"（简称"海尔智家"）。得益于正确的战略实施和发展规划，海尔营收及净利润逐年攀升（见表5-3）。

表5-2　　　　　　海尔集团战略六个阶段

年份	1984~1991	1992~1998	1998~2005	2005~2012	2012~2019	2019年至今
阶段	名牌战略阶段	多元化战略阶段	国际化战略阶段	全球化品牌战略阶段	网络化战略阶段	生态品牌战略阶段

表5-3　　　海尔智家2017~2021年营业收入及净利润情况　　　　单位：亿元

年份	营业收入	净利润
2017	1 191.32	50.42
2018	1 634.29	69.08
2019	1 814.08	74.84
2020	2 007.62	82.06
2021	2 097.26	88.77

(二) 财务智能化下的业财融合历程

海尔通过一系列智能化技术和体制机制的应用及改进,不断对财务管理进行智能化革新,实现了财务职能升级、业务核算流程及财务流程优化,推进了业财融合,使之更好地契合并服务于企业战略(见表5-4)。

表5-4　　　　　　　　　　海尔财务智能化历程

年份	背景	智能化历程	运用效果
2006~2009	传统的财务管理模式无法适应、支持国际化品牌发展战略,财务急需转型升级	建立全球财务共享中心	实现了集团信息集中共享,为旗下上千家世界各地的法人公司提供服务,促进集团业财一体化
2010~2013	商业模式和经营业态的变化,传统三张财务报表难以完全反映经营的全貌	形成事前算赢的管理会计体系,运用E2E管理报表	一套具有自主知识产权的财务管理体系,聚焦事前分析、预测的管理会计,加速业财融合进程
2014年至今	为适应物联网时代、驱动企业转型,推进网络化战略	形成以共赢增值表为代表的新型财务工具	创新创立物联网范式的生态智能体系,打破了传统表格的局限,使得数据显现得更加开放和立体化,实现了从企业价值到生态价值的转变

(三) 海尔在财务智能化下的业财融合

1. 财务转型升级

实施财务智能化改革前,海尔的财务人员主要分为三大类,即基础财务、专业财务、业务财务。其中,主要负责核算、记账等基础工作的财务人员数量占其总体的70%。

海尔搭建财务共享中心后,在人员安排方面实施"倒三角"的组织结构(见图5-4)。大量财务人员向业务前端靠拢,财务被重新划分为业务财务、专业财务以及共享财务三大类。业务财务作为前端,深入业务部门,把握业务各个流程节点,协助业务部门了解用户需求以及市场总量等信息,打通业财两部门间的"壁垒",为后续业务运作提供依据;专业财务负责建构专业财务模型,在业务进行过程中针对不同业务的特点提供具体解决方案;共享财务作为后端，负责提供高效的管理会计服务，将交易集中分析，进行风险管控，提高资源配置效率。海尔重塑财务的组织架构，重新定义财务职能，重新定位财务功能，使财务人员职能由事后核算记账转变为事前预测、事中分析，使财务对业务有更多参与感、引导性，为后续财务智能化开展打下良好的人员组织基础，也进一步推动了财务智能化背景下的业财融合。

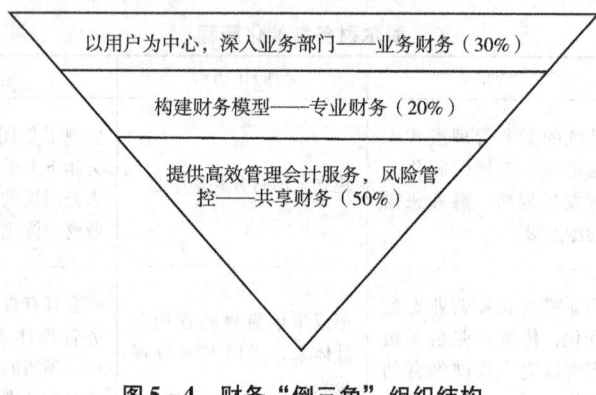

图 5-4　财务"倒三角"组织结构

2. 流程再造，实现业财目标一致

财务和业务部门长期以来各自为政，各自有了较为完善的工作流程与目标。财务部门更注重企业资金运作情况和整体利益的实现，而业务部门则更注重实际业务的目标实现。但两者的根本目标都是企业利益最大化。财务智能化引起的流程再造有利于厘清业财关系，统一两部门目标，共同服务于企业战略目标的实现。

（1）优化业务核算流程。

海尔集团的产品销往全世界 160 多个国家和地区，业务订单量巨大。为减轻工作量，财务部门原先直接用应收、应付科目相互冲销，但财务最终无法明确与客户、供应商的交易关系、业务具体发生的金额等事项。业务核算流程的优化使财务对业务的进程把控更全面、更精准，有利于财务对业务的目标的理解，促进双方部门共同服务于企业战略目标的实现与升级。

（2）优化财务报表制作流程。

海尔集团实施智能财务报表系统，利用数据复制技术平台，各地各公司的财务数据实时向总公司传递。集团财务共享中心通过系统实时生成各公司的财务报表，使财务报表的生成、汇总和合并更及时、准确。同时简化改进了财务报表制作流程，提高财务效率，便于管理人员查看、参考报表数据，对业务做出更及时、科学的决策。财报制作流程的优化有利于海尔的管理者及时查看各项指标的增减变动,从而总体把握企业发展方向和战略制定(见图 5-5)。

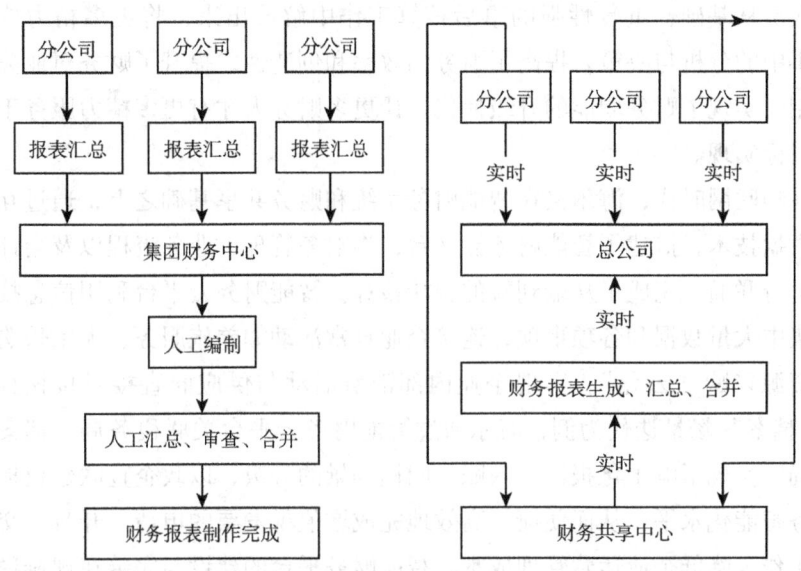

图 5-5　智能财务系统实施前后海尔财务报表的制作流程变化

3. 信息系统开发与完善,促进战略落地

海尔使用 SAP 系统建立了信息系统平台,借此集中处理集团财务信息。之后,为实现集团范围内的业财融合,海尔建立了集团财务信息化管理平台。海尔在 SAP 的基础上又开发出 HGVS(全球增值信息系统),由财务核算、电子报销、影像扫描、资金管理等系统构成。通过 HGVS 系统,海尔实现了对事项前、中、后的全盘管控,实现了业务流程各个节点的高效共享与有效控制。海尔集团在财务共享中心的基础上,借助智能化信息技术将共享中心分为会计平台和资金平台。两个平台共划分为 14 个板块,每个板块再划分具体流程细则,确保权责细致明确,使不同地区的业务事项可以跨区域在财务共享中心进行标准化、流程化的处理。海尔通过一系列财务智能化信息系统的开发与完善,为业财融合提供了数据基础和技术支撑,推动战略制定和战略转型。

2001 年,基于大型数据库 Oracle 和高效网络的九键性应用,海尔开发了基于决策支持和价值创造的财务智能信息化系统。智能财务系统的应用包括总账、系统管理、应收款管理、应付款管理、存货核算、现金核算、报表、分析财务、报表合并、项目管理十个模块，基本覆盖了海尔集团目前大部分的基础核算工作。海尔还引入了基于 RPA 技术研发出的财务机器人"海旺"，使大量财务人员从基础、重复性强的事后核算工作中解放出来，将更多精力放在事前、事中的分析与决策，提高了财务的效率和创造性，提升了财务对业务的支持作用，实现了财务职能的升级换代，让更多财务人才有更多精力服务于企业战略目标实现。

在物联网时代，海尔又在智能财务系统和财务共享基础之上，通过互联网和大数据技术，搭建了智能财务云平台，将财务管理、业务流程以及会计核算流程进行联通，完成了从端到端的智能核算。智能财务云平台利用信息技术优势，集中大量数据和各项事项，连接企业日常活动如差旅服务、大宗采购以及内部资源采购"云化"，实现企业内部消费活动与供应商直接对接核算。以"电子档案"场景迭代为例，海尔通过智能财务云平台关联税务局、档案局与财政局，实现了电子化报销、入账、归档场景的升级，以政企直联建设提升企业财务智能化水平，从而便捷、高效地完成增值税发票的申请、开具、交付与管理工作，降低企业运营管理成本。智能财务平台的建设与完善在规避税务风险、降低经营风险和成本以及提升财务管理水平等方面发挥了重要作用。财务智能化平台为后续业财融合进一步开展提供了准确的数据库和信息技术支持（见图 5-6）。

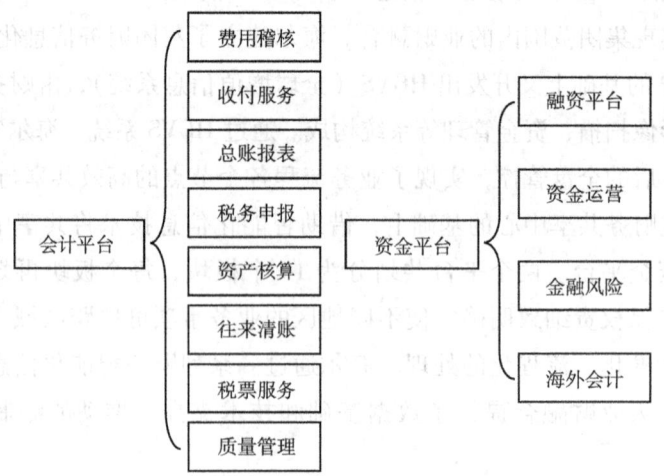

图 5-6 海尔财务共享中心两大平台架构

三、财务智能化下的业财融合——格力集团

(一) 格力电器企业简介

格力电器企业创立于1991年,从最初的一个年度产值不足2 000万元的小厂到多元化、国际化工业集团。格力产业主要涵盖家用消费品与工业装备两大板块,产品已在160多个国家和地区销售。格力电器企业在国内外建有15个空调生产基地,在国内建有6个再生资源基地,覆盖上下游收回全产业链,实现绿色、循环生产方式和可持续发展战略。格力电器企业立足客户需求点,坚持质量优先,从源头把握产品本身和企业体系建设的质量。格力电器企业始终坚持以习近平新时代中国特色社会主义思想为指导,坚守实体经济、自主创新,加快管理信息化,不断满足消费者对美好生活的向往,制造与消费者美好生活需要的电器。

(二) 格力企业业务财务的数字化迭代

格力电器企业集团秉承"缔造全球领先的空调企业,成就格力百年的世界品牌"的企业愿景,自主开发、不断坚持创新发展。至今,已经开发出了7大系列、50多个品种、1 200多个规格的空调产品,品种规模大、系列总数多,居于全国首位。1991年,格力电器企业运用信息化管理,始终坚持利用业务财务信息化服务和实现企业战略目标,不断调整企业战略升级。

格力财务智能化发展大概分为三个阶段:第一阶段(1991~1996年)建立了财务信息化管理系统,在经济模式下管理模式转变的背景下,实现了企业财务信息集中,涵盖企业经营运作的各个方面,促进了业财融合发展,为实现企业飞速发展战略奠定基础。第二阶段(1997~2001年)实施了ERP信息系统,提高业务财务模块共享程度、集成性能,充分体现了格力电器企业对于智能化业务模式的重视。第三阶段,在原有的ERP老系统下的更新换代,主要在营销、制造等业务板块和资产管理、预算系统等财务板块。格力电器企业重视和推动财务数字化共享直接完善促进了业财融合模式的形成,为企业实现战略目标带来了多重效益(见表5-5)。

表5-5　　　　格力电器企业业财智能化迭代历程

年份	背景	智能化进程	运用效果
1991~1996	在计划经济下的粗放式管理模式向市场经济的现代企业管理模式转变的过程背景,为适应企业生产需要	管理信息系统	模块化信息系统,前期效果不错,问题突出:资源共享程度差,集成性不好
1997~2001	企业飞速发展的需要	Baan公司ERP系统	能够帮助企业解决最关键的业务问题,可处理从财务管理到销售预测、采购、库存管理、制造控制、项目管理、服务与维修、分销和运输等所有业务
2001年至今	进一步建立格力公司模型,集中聚焦于一系列高级功能		不断完善财务模块功能,包括应收账、应付账、现金管理、预算系统等

(三) 智能化业财融合下业务价值的提升

1. 单元价值化转型助力企业战略实现

格力电器企业在业财融合模式的意识上早露芽角,并采用财务智能化的管理信息系统来提升企业业财融合,利用数字化共享信息服务于企业的战略目标。淘汰原有系统后选择财务共享ERP系统,进一步建立了分销、制造、财务子系统并开展实施。从生产与经营管理需要的职能部门分工,追求部门本身价值的功能型单元,逐步转化成为企业创造与实现价值的价值型单元。

近期,格力电器企业加强服务同物联网结合构建智能财务新生态。格力电器企业依托财务共享中心下的物联网为基础提升业财融合程度,提高智能化、云计算、AI等高新技术,推动业务模式的创新,助力企业创新发展战略实现。让业务财务信息深度融合,提升合理决策,扩大业务增值空间,既提升了格力业务收入转化率,同时又提高了财务作用业务的增值效果。格力电器企业基于物联网不断构建与完善财务共享中心,实现企业的业财融合程度,提升业财务信息集成效率,改良惯有的供应链为需求链条,加强闭环型供需价值平衡,不断提升业务部门对企业存在与可持续发展的作用,实现价值增值(见表5-6)。

表 5-6　　模拟格力基于互联网财务共享中心下的共赢增值

1. 用户资源	1.1 交易用户			加大业务部门的营销推广,满足用户智能化家居生活需求,实现用户引流;促进微信用户到格力会员的高效转化
	1.2 交互用户			
	1.3 单用户价值贡献			
	1.4 终身用户			
2. 资源方	2.1 交互资源方			
	2.2 活跃资源方			
3. 生态平台价值总量	3.1 利润	3.1.1 传统利润		打造多样化生活物联场景,拓宽电商、带货渠道和广告传播,提高销量与C端会员注册转化,构建全链条式服务
		3.1.2 生态利润		
	3.2 增值分享	3.2.1 链群分享		
		3.2.2 支持平台		
		3.2.3 共创攸关方	3.2.3.1 资源方分享	
			3.2.3.2 用户分享	
			3.2.3.3 资本分享	
4. 收入	4.1 传统收入			利用物联网下采用财务共享系统及时反映复购耗材、下单维修,购买新家电等订单业务信息,及时向财务管理人员供应需求数量,加大业务生产,提升服务增值;通过提高格力商业收入转化,增加边际收益
	4.2 生态收入			
	4.3 单用户收入			
5. 成本	5.1 传统成本			
	5.2 生态成本			
	5.3 边际成本			
6. 边际收益	6.1 边际收益	6.1.1 收入—成本/交互用户增加数		

2. 实现业务增值助力战略升级

格力电器企业通过业财融合,通过提升制造与营销部门的信息共享能力从而提升需求计划的更新与完善。业财融合模式下企业流程重组对企业业务流程进行了优化,进而改善企业的管理工作,大幅提升企业工作效率。财务智能化完善管理体系提升企业战略实现。格力管理体系核心理念是 PDCA 循环理念,是以计划、改进、检查和实施为主体的业务质量管理模式。格力电器企业以用户为基本点,做好质量计划和成本分析,达到经营目标的实现要求。信息数据分析系统化实现战略升级。格力电器企业实施 ERP 系统,以生产供应与用户需求平衡为目标,利用财务共享信息化中心,实现有序配合,实现均衡生产、及时供应,最大限度地降低物料库存,减少无效资源配置与价值浪费。2005年,格力电器企业利用SCM供应链管理系统,从后台导入订单、需求信息等各类业务信息,供应商在系统前台可以直接收发通知、查看订单与需求,进行及时反馈与执行。这大大提升了格力的业务流程效率,增加了企业与供应商的沟通交流,为供需双方的协调配合提供了宽广的平台(见图5-7)。

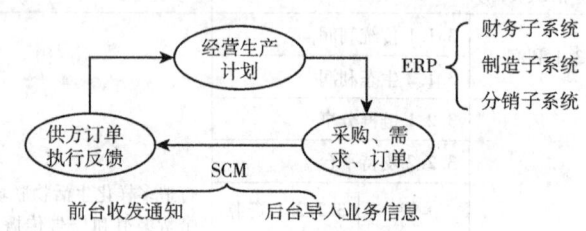

图5-7 格力基本业务流程

(四) 智能化业财融合下财务作用的体现

1. 强化管控实现企业战略

随着格力电器企业的发展和内外环境的不断变化,格力电器企业利用财务管理模块信息系统,实现业务与财务的高度集合。通过业财融合,对企业的各种有限资源进行有效、科学的组织、管理与控制。在企业开展业务活动前,可以根据企业业务财务信息进行合理的事前预算,对企业采购或生产决策进行精细规划,降低财务人员的主观性错误,进而提升企业的账务处理能力、预算、控制等财务工作效益。自2016年起,格力电器企业的经营成本涨幅并不明显,总体控制在一个水平上,在2017年有较为明显的变化。成本的合理管控,是计划经营中的重点,把握好成本支出,在满足消费者需求的同时获得企业自身的盈利。格力电器企业不断促进财务共享,提升业务资金的运营与管理,提升信息资源的利用效率,提升业财融合,实现战略目标(见表5-7)。

表5-7 格力电器企业2016~2020年成本及费用涨幅率

年份	2016	2017	2018	2019	2020
成本	993.26	1 186.38	1 377.60	977.55	1 083.13
营业成本与经营费用	919.61	1 081.87	1 221.39	866.69	948.61
成本费用涨幅率	16.48%	17.66%	12.91%	-29.05%	9.46%

2. 平衡收益与风险匹配企业战略

格力电器企业加强品牌发展，作为负责任的中国企业，始终坚持"服务世界""责任担当"的品牌发展。近年来，格力电器企业营业收入、净利润总体呈上升趋势，但是营业净利率比例稳定在同一水平略微下降。2021 年前三季度，实现了营业总收入 1 395.49 亿元，同比增长 9.48%；利润总额 184.87 亿元，同比增长 12.43%；净利润 156.45 亿元，同比增长 14.21%。格力电器企业每年投入大量资金在研发阶段，从长期角度来看，格力电器企业潜在性盈利能力强（见表 5-8）。

表 5-8　格力电器企业 2017～2021 年营业净利率及流动负债率变化

年份	营业收入（亿元）	净利润（亿元）	营业净利率（%）	流动负债率（%）
2017	1 500.20	224.00	14.93	68.6
2018	2 000.24	262.03	13.10	62.8
2019	2 005.08	246.97	12.32	59.9
2020	1 704.97	221.75	13.01	56.8
2021	1 896.54	230.64	12.16	61.7

数据来源：格力电器企业 2019～2021 年年报。

格力电器企业决策者根据财务共享中心下的业财融合信息作出本企业的战略调整，在"智能化·国际化"生活家电领域不断开拓市场。当前，格力电器企业内销业务占比 65.10%，毛利率 34.01%；外销业务占比 12.00%，毛利率 9.84%。如今格力主要助力国内国际双循环发展战略，打造国际化电器企业。格力充分利用在订单、需求信息，充分考虑市场的多方面因素，通过财务智能化分析作出相关决策信息，强化决策者企业战略定位。近年来，格力电器企业收购引领新能源，耗费了大量人、财、物的成本，以提升产品性能与品质，拓宽企业发展领域，进而分散企业潜在的经营风险。近年来，格力电器企业总资产、总负债呈总体上升趋势，尽管面临较高的债务风险，但负债率大体呈现下降趋势。格力电器企业不断提升企业业财融合模式与战略发展匹配度，虽然近年来的各项财务指标有波动，但从长期看来处于可控且向好趋势，并持续为企业战略实现与升级增加动力（见图 5-8 和图 5-9）。

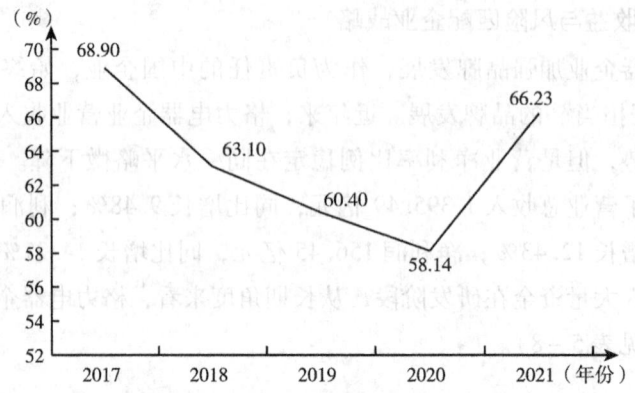

图 5-8　格力电器企业 2017~2021 年资产负债率变化

数据来源：格力电器企业 2019~2021 年年报。

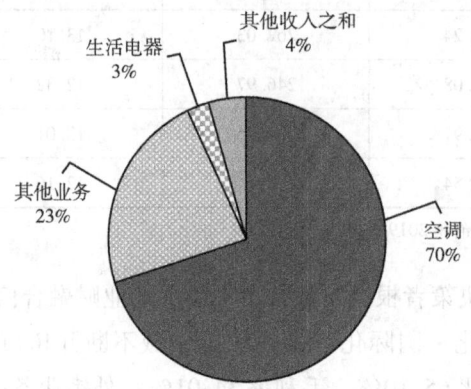

图 5-9　格力电器企业主营业务构成

四、海尔与格力的案例对比分析

（一）相同点

1. 两者的流程主体

海尔和格力在业务流程再造时都包含应收账款、应付账款、总账、固定资产、资金管理、成本费用控制六个板块，覆盖了大部分业务处理流程，形成了标准化流程，使每一步骤都有迹可循。两者都在努力实现业务流程的标准化以及与企业自身的融合，更好地服务于企业。

2. 两者的业财融合模式

通过互联网和大数据技术，搭建智能财务云平台，将财务管理、业务流程以及会计核算流程进行联通。同时，集中大量数据和各项事项，大大提升了业务流程效率，增加了企业与供应商的沟通交流，为供需双方的协调配合提供了宽广的平台，也为管理人员更好地决策提供了依据。

3. 两者的财务工作划分

财务人员从传统的核算、记账等重复性工作转向价值管理、战略决策等职能，开展转型升级，发挥其价值创造作用。在企业开展业务活动前，根据企业业务财务信息进行合理的事前预算，对企业业务决策进行精细规划，降低管理人员的主观性错误，进而提升企业的账务处理能力、预算、控制等财务工作效益。在开展业务活动时，企业可利用财务信息系统集成的订单、需求信息，充分分析考虑市场的多方面因素，从财务的角度为企业决策者提供较为准确且有用的决策信息。

4. 新技术的运用方向

两者实施业财融合模式时，都注重新技术的应用，并向数字化、自动化、智能化的方向发展，进一步解放人力资源，深入挖掘财务智能化的分析数据，以此推动企业财会工作高效化、精准化。

（二）不同点

1. 信息系统建设历程

海尔的信息系统原本是 SAP 系统，之后在 SAP 系统的基础上自主研发了海尔全球增值信息系统 HGVS，不断提升对业务全流程的监管与控制。而格力运用财务共享 ERP 系统，该系统以生产供应与用户需求平衡为目标，利用财务共享信息化中心，实现有序配合、均衡生产和及时供应，提高资源配置的有效性，减少多余物料库存，避免浪费。同时，利用 SCM 供应链管理系统，提高企业与供应商间信息传递的效率，促进物资、商业、信息、资金流通。

2. 业务核算设置科目

面对海量订单，海尔通过财务智能系统来细化业务核算中的会计科目，解决既是客户又是供应商双重交易关系的问题，提高业务处理时的真实性、准确性。但格力所运用的 EPR 系统只将应收应付设置应付款、应收款、未清跟催、交易记录和相关报表这几个业务类型，降低了数据的真实性和业务的准确性。

3. 业务流程侧重点

海尔集团实施的是"以市场链为纽带"的业务流程再造模式,通过业务流程的变革与创新,实现了与顾客零距离、资金零占用、质量零缺陷的效果,提高了顾客的满意度,增加了企业的业务服务价值。格力运用 SCM 供应链管理系统,从后台导入采购订单、需求信息、质量信息等各类业务信息,供应商在系统前台可以直接收发通知、查看订单与需求,进行及时的反馈与执行。业务流程的侧重点在于优化企业供应链,做好企业与供应商间的对接工作(见表 5-9)。

表 5-9 海尔与格力的案例对比分析

		对比分析	
		海尔集团	格力电器企业
相同点	流程主体	在业务流程再造时都包含应收账款、应付账款、总账、固定资产、资金管理、成本费用控制六个板块,覆盖了大部分业务处理流程,形成了标准化流程	
	业财融合模式	通过互联网和大数据技术,搭建智能财务云平台,将财务管理、业务流程以及会计核算流程进行联通	
	财务工作划分	利用财务智能化,财会人员的大部分基础业务被机器替代。财务人员从传统的核算、记账等重复性工作转向价值管理、战略决策等职能开展转型升级,发挥其价值创造作用	
	新技术的运用方向	注重新技术的应用,不断向数字化、自动化、智能化的方向发展	
不同点	信息系统建设历程	SAP 系统、海尔全球增值信息系统 HGVS	ERP 财务信息系统
	业务核算设置科目	细化业务核算	固定财务子系统分支,业务覆盖范围有限
	业务流程侧重点	市场链	供应链

五、对比海尔格力财务智能下业财融合发展中值得借鉴的经验

(一)促进业务流程标准化

海尔和格力在业务流程再造时都包含应收账款、应付账款、总账、固定资产、资金管理、成本费用控制六个板块,各个板块逐渐趋于流程规范化,几乎

覆盖了所有的业务处理流程，形成了标准化流程。案例表明，在处理业务时，在收账款、应付账款、资金管理等各个板块上，企业要聚焦抓住业务处理流程化的三个方面：规范化、文件化、相对固定化，简化工作手续，减少管理层级，消除重复业务，把工作平行处理，跨部门业务合作。推动业务流程标准化，实现上个环节为下个环节实现价值增值的作用，更好实现企业经营战略目标。

（二）充分发挥互联网和大数据技术作用

海尔和格力两者都通过互联网和大数据技术，搭建了智能财务云平台，将财务管理、业务流程以及会计核算流程进行联通。同时，集中大量数据和各项事项，大大提升了业务流程效率，促进了企业与供应商的沟通交流，为供需双方的协调配合提供了宽广的平台。在这互联网时代，要充分发挥大数据对企业财务发展的作用，进而带动企业业务发展，通过大数据技术的引用和资源共享，也为企业和关联行业开展资源共享、服务创新等打下坚实基础。此外，企业发展要注重新技术的应用，并向数字化、自动化、智能化的方向发展，在各个业务流程上利用好数据优势，不断为企业战略实现增质提效。

（三）财务智能化推动业务发展

海尔与格力在财务智能化上方向大致一样，不断发展财务智能化，来提升财务工作的效率和创新性。构建智能财务共享平台，如前面提及通过利用现代人工智能技术来使机器代替人工完成一些基础且具规律性的财务工作，如填写单据、录入数据、核算记账等事后核算工作，将大量的财务人员解放出来，财务人员便可更多地把精力放在管理与战略方面，集中控制交易中的内控风险，从而来提高财务管理的风险控制能力，并为企业运营提供决策支持。而在此基础上的智能财务云平台更是利用信息技术优势将大量数据对接企业服务，提升了财务对业务的支持作用，这是企业发展业财融合可借鉴的重要经验。

六、总结

综上所述，海尔集团与格力电器企业的业财融合模式在财务智能化的推动下得以有效的实施，并且对企业的战略目标实现与升级发挥了重要作用。结合财务智能化的业财融合，促进了企业财务人员职能转型、降低供需环节衔接发生的成本、优化业务及核算流程、提高企业的经济效益、支持企业战略目标实现。通过分析对比可以发现，海尔集团对于财务智能化体系相对成熟，有着庞大的财务信息共享中心与物联网平台，与企业战略发展相互匹配且取得巨大的成果。格力电器企业的财务智能化当前仍处于不断发展和优化的阶段，也有了较大的成果。格力电器企业还需要不断地学习更多财务智能化技术，来提高财务智能化对业务价值增值的效果。其他企业可以学习借鉴本案例，利用财务智能化更好地促进业务流程标准化，充分发挥互联网和大数据技术的作用，推动业财深度融合。推动业财融合，使企业财务人员的职能转型升级，更好地服务于企业战略目标的实现与升级。

参考文献

[1] 陈海雯, 李琇梅. 财务智能化应用：人工智能助推经营绩效——以海尔智家为例 [J]. 国际商务财会, 2021, (07): 73-77.

[2] 姜淑润. 智能化时代下财务会计向管理会计转型模式构建 [J]. 中国产经, 2022, (06): 102-104.

[3] 唐文. 更好地发挥 ERP 系统中财务管理模块的作用 [C]. 中国会计学会会议论文集, 2011-07-09: 485-488.

[4] 田姝一. 格力电器企业财务管理模式研究 [J]. 中国集体经济, 2020, (06): 162-163.

[5] 袁天荣. 物联网时代企业数字化财务创新研究——以海尔集团为例 [J] 航空财会, 2021, 3 (05): 4-10.

[6] 于箫. 财务共享下的业财融合——以海尔为例 [J]. 中国管理信息化, 2021, 24 (08): 72-73.

[7] 杨寅, 赵健, 吕晓雷. 中国企业智能财务应用现状及发展趋势分析——基于调查问卷数据的例证 [J]. 财会通讯, 2021, (11): 140, 146-151.

案例6 区块链赋能企业财务管理

——以阿里巴巴为例[①]

摘　要：在当前数据化时代，传统财务管理出现了资金运作成本高、财务运作流程复杂、信息易失真等问题。由此，许多企业开始利用区块链技术公开透明、去中心化、去信任、开放性、匿名性和可编程性等显著特征，将区块链技术引入财务管理行业。本案例以阿里巴巴财务管理作为案例分析探索区块链对企业财务管理的影响。研究发现，对于交易信任和信息安全等问题，企业不仅可利用区块链技术设置分布式账本，还可运用基于密码学的加密、多方共识机制和智能合约赋能企业财务管理平台，这在企业的信息安全、资金分配、工作效率等方面发挥了至关重要的作用。本案例展示了区块链在企业财务管理方面现阶段的应用情况以及赋能作用，并针对目前区块链技术在财务管理方面落地应用中所出现的问题提出建议。

关键词：区块链；财务管理；信息安全；资金分配；工作效率

一、引言

当今时代步入了信息化阶段，科学技术高速发展，"数字化""智能化"是技术发展创新的关键词。在"大智移云物区"广泛应用、深度融合的背景下，区块链走进高端企业的视野，是企业管理改革创新的底层技术之一，区块链平台诞生和大量去中心化应用的落地，使区块链技术在更多行业得到应用，促进产业升级。而财务管理改革往往是企业改革的先行目标。

区块链是一种带有数据"散列验证"功能的数据库，具有高度透明、去

[①] 作者：何锦莹、吴思逸、吕泓宜、林桐希、钟欣桐
　　指导老师：陈建林

中心化、过程可信、不可篡改、不可撤销等特点,其多方共识机制能在多利益主体参与的场景下以低成本的方式构建信任基础,这对传统财务管理的改革升级有极大的推动作用。传统财务管理存在数据庞杂、人工效率低,各大财务管理机构之间往往数据、资产盘点面临任务重、效率低、整合困难的问题。区块链中的智能合约等核心技术可以有效解决传统财务在该方面的缺点。区块链对财务管理的创新方面,还体现在记账方式的进化,它的本质是一种去中心化的分布式账本技术,交易分布在不同的地点和节点共同完成,账本完全公开且节点数据庞大,既避免了恶意篡改又减小了数据丢失的可能性,保障财务数据安全。

财务管理的发展趋势,是财务管理从一个单一的系统向一个多元化、多层次的、与企业管理相结合的体系转变。而区块链这一新的信息技术能够促进财务管理的这种体制转变。本案例主要探讨阿里巴巴对区块链在财务管理方面的落地应用,阿里巴巴在跨区域支付、数据存储、财务记账等方面受到区块链非常重要的影响。区块链在提高公司整体效率、节约运营成本的同时,也提升了企业竞争力。本案例在前面一部分重点通过引用文献分析了传统财务管理的局限,同时也论证了区块链技术对于企业财务管理改革的重要作用。在后面一部分主要对区块链在阿里巴巴财务管理应用进行案例研究,通过数据、资料等整合对比,得到区块链在阿里巴巴财务管理的应用情况,并且针对某些局限提出参考意见。

区块链会对财务管理起到什么作用,在突破传统财务的缺点之外,又能为财务管理带来什么样的新的发展契机?这是本案例将重点讨论的问题。本案例将基于区块链的特点和性质,通过对阿里巴巴案例的分析,进一步解释区块链为什么能促进企业财务管理,探讨区块链如何促进企业财务管理的改革,应当遵循什么样的架构模型,区块链赋能企业财务管理将带来怎样的成效,以及对区块链技术的落地应用提出一些建议。

二、文献综述

(一)区块链基本定义

区块链技术(Block chain technology),是一种互联网数据库技术。其特点是去中心化、公开透明,每个人都能参与数据库记录。为了形象说明什么是区块链，此处引用张浩在《一本书读懂区块链》一书中的例子：把数据库假设成一本账本，读写数据库就是一种记账行为，区块链的基本原理是：在一段时间内找出记账最快最好的人来记账，然后将账本的该页信息发给系统里的其他人，相当于改变数据库所有的记录，发给全网的每个节点。每项技术的产生和发展都与一定的基础原理有关，区块链技术的原理主要涉及分布式账本的去中心化性质；无中心服务器依靠用户群交换信息互联网体系的对等式网络、能将任意长度的数据映射为固定长度的数据函数主要应用于信息安全领域的哈希函数算法、以共识算法的方式使用伪随机数指定持有货币人为交易者创造新区块的权益证明原理、数据间有着很强关联性的默克尔树原理以及基于离散对数问题的非对称加密法的椭圆曲线加密原理。区块链在以上技术原理的加持下，产生了去中心化的分布式账本、非对称加密技术、共识机制、智能合约四项核心技术。这四项核心技术对应着区块链技术的去中心化、去信任、开放性、自治性、信息不可篡改、匿名性等优势特点。在区块链特征的基础上，人们构建区块链的形式类别主要有：保护用户免受开发者影响、访问门槛低、所有数据默认公开的公有区块链；针对特定某个群体的成员和有限第三方，共识过程受到预选节点控制的联盟链以及写入权限仅在一个组织手里的私有链。区块链技术在本质上只是一个数据库信息技术，还只是一种底层算法，若要让这种技术真正运用到生活中，还需要在底层算法上建构体系，先是搭建基础平台，最后才有与我们生活接轨的应用服务层，这个过程就是区块链落地应用过程。然而，现阶段还只是区块链应用的初期，落地应用中面临的难题也是企业需要进一步攻克的地方。本案例将主要在区块链技术落地应用企业财务管理方面对相关问题进行分析。

（二）传统财务管理局限推进区块链的应用

企业财务管理是在获利的目标驱动下，进行筹资、投资、经营和利润分配的一项综合性管理工作。通过资料的整理，我们可以发现以大数据、"互联网+"为背景的时代在为企业带来机遇的同时，也出现了新的挑战：在数据真实性方面，张晓旭（2020）认为，传统的财务数据记录往往存在许多危害数据准确性和可靠性的风险。汤济齐（2020）也认为，传统财务管理体系下存在的财务造假严重影响到财务信息使用者的决策判断，数据的真实性通常得不到确认。在企业财务信息处理效率方面，周诗淇（2017）认为，传统财务管理具有不能完全适应新型管理模式和工作方式，不能完全满足电子商务的发展,财务管理的真实性、可靠、及时性较差,传统的财务管理是事后管理的弊端。在传统信息处理存在滞后性的基础上,刘崇明、韩明阳(2020)进一步声明,在数据处理上,传统的管理方式在每个环节都要花费一定的时间,使企业不能灵活地应对危机并制定相应的策略。这将影响到企业整体运营的安全性。除此之外,传统财务管理的局限还涉及企业的资金分配,刘东方、粟桓(2019)认为,传统的企业财务管理活动中,进行市场贸易的双方往往存在信息不对称的特性。拥有足够信息的一方在与投资者的对弈中处于优势地位,而信息贫乏的一方为了达到目的也都愿意额外支付其他费用,这些额外费用又定义为"交易成本"。总的来说,在现今追求智能化的时代,传统财务管理模式需要一次改革升级以解决由于其自身局限出现的资金运作成本高、财务运作流程复杂、信息易失真等问题。而区块链的应用可以促进企业转型,顺应新型管理模式和工作方式,满足相关电子商务的发展。首先,区块链的公开透明、去中心化、去信任、开放性、匿名性等特点可以有效解决财务管理的真实性、可靠、及时性差的问题。其次,传统的财务管理模式中,各职能部门之间信息传递不够迅速,信息速度无法准确匹配经营。财务报表等反映公司在经营过程中的情况的数据往往都是滞后一个会计周期的,即传统的财务管理是一种事后管理。然而由于网络的发展,网络化办公逐渐成为办公的日常形式,这就要求企业在财务管理中信息传递要更迅速、便捷。此时,通过区块链技术建立起来的金融信息平台能及时处理各种突发情况,使公司应变能力增强。不难预知,区块链技术的出现和应用将对企业传统财务管理的转型起到重要的赋能作用。

(三) 区块链在财务管理中的优势

优势一,"新技术"在企业管理中的深度应用提高了财务信息相关性、及时性、可靠性以及信息供应经济性,由"传统财务"向"战略财务"的转型强化了财务对运营的支撑作用。区块链技术能提供准确可靠的财务信息。区块链的共识机制可以实现数据的实时监控,且每一条信息都可以通过时间戳进行源头追溯,系统若要记录相关的区块信息只有经过各个节点同意,且保证合法的情况下才能进行操作。分布式的系统共识算法使区块链上验证的信息具有不可删改的特性。若要更改区块链上的信息,需要经过所有参与者的批准,这使个体无法随意进行篡改和欺诈。这保证了账本的真实性、安全性、保密性和信息的正确性,有效地降低了财务风险。此外,从现阶段的情况考虑,国家出于维护市场公平的考虑,会要求企业披露一部分信息,包括企业年度的营收信息、负债信息等。此时，私有链就发挥了极大的作用，这种区块链仅仅是用区块链总账技术来进行记账，外人是没有写入权限的。其不仅能辅助企业依照相关规定披露所需要的信息，又能通过将商业机密储存在私有链中，进而维护企业的商业机密安全。

优势二，提高了企业的运营效率。实现财务对业务的即时反馈，强调对财务活动实施"适时财务监控"以消除资金无效占用、确保业务资金需求、提高资金运用效率、降低企业财务风险。区块链去中心化的分布式记账减轻了企业监控、审查、税务报告的工作负担，改变了传统财务管理模式下的信息不对称问题，也减少了审计人员的对账成本。区块链技术应用于企业财务管理还可以去信任成本，加速跨境结算。基于区块链技术的智慧合约，不依赖于第三方自动执行双方协议承诺的条款，具有预先设定后的不变性和加密安全性，从规避违约风险和操作风险角度较好地解决了参与方的信任问题。同时，结算可以实时发生：收款人和汇款人可以直接通过区块链账本取得联系，账本和网络接口相通，在几分钟之内就可以完成跨境电子支付方式下需要几十个工作日才能完成的工作量。从而大大降低了中间费用，减轻了财务管理活动中后续的工作压力和成本。这就表明企业作为区块链上的一个节点，可以直接与其他企业进行交易，无需中介的信任背书，节省了许多中间手续。区块链记录的数据具有实时更新的特点，所以企业利用区块链技术能对外界环境因素的变化能做出迅速的反应，在面临危机时，企业的高层管理人员能利用区块链反应的信息迅速做好应对策略。

优势三，提高企业价值链的流动性。价值链的流动性反映了财务灵活性以及应对财务危机的能力，当企业流动性来源超过现金需求越多，应急筹资机制越健全，应对财务困境的能力越高，企业的流动性就越强。在区块链技术的环境下，企业可以以分布式记账模式为依托，建立财务体系，这不仅有效避免了财务信息在实际流通过程中必须逐级反复审核的情况，又大大简化了信息调用的授权流程，提高了企业财务的灵活性。运用区块链技术进行交易，能够自动建立信任机制，一旦交易开始，系统会自动进行数据的清算汇总，对交易的所有信息进行全面记录，便于发生纠纷时及时查询信息，同时也提高了企业的资金回流速率，使企业能更好地应对财务危机。

（四）新型区块链技术财务模式的构建

区块链的发展分为三个阶段：以解决支付问题为主的区块链 1.0 时代、实现智能合约的区块链2.0时代以及即将解决落地应用问题的区块链3.0时代。区块链是一项信息技术,如果要解决普通用户在现实生活中的需求,必须实现区块链应用落地。而区块链+智能合约技术的业财融合系统性方法就是区块链在企业财务管理落地应用的一项创新型的操作系统级的方案。为了支持大型分布式、多共识机制的企业区块链平台的运作,企业首先要根据自己的实际情况在现有区块链底层技术基础上进行操作系统级的改造,然后再成体系进行智能合约全生命周期管理,并面向应用层提供智能合约群规划。

智能合约是自动化强制执行既定合约的、交易内容可追踪的一种计算机协议。这是一种数字化的合同,以信息化的方式进行传递、加工和处理相关交易,能够保证区块链在没有中心节点的监督下能够真实有效地履行交易合约。作为区块链的一项核心技术,智能合约的大体架构并不复杂,但是它可以无限级联和无限嵌套,其架构核心是智能合约体,运行时,首先需要使用者输入参数,然后通过智能合约体的执行后输出结果。执行过程中智能合约以环境参数支撑,受控制参数调节,同时提供异常处理出口,如图6-1所示。

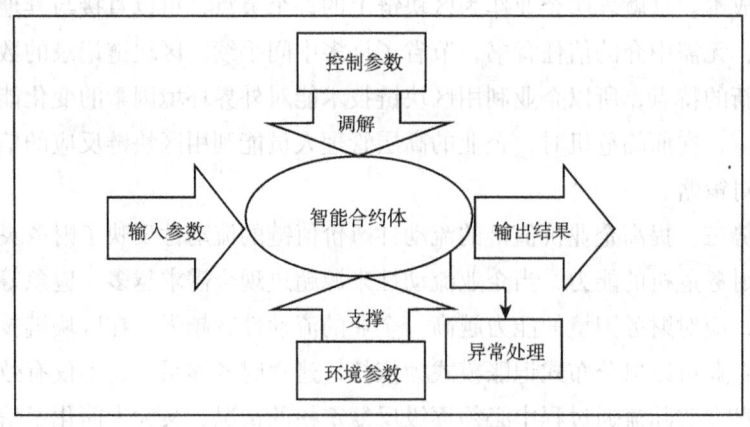

图6-1 智能合约运行机理

业财融合是业务与财务融合的简称,是指业务发展与财务管理相结合,从企业的整体去思考业务的开展是否符合集团发展的目标方向,同时它也是现阶段企业的一种财务管理的新模式。实现区块链技术在财务管理的落地应用就需要构建一个兼具智能合约+业财融合的一体化平台。需要注意的是,区块链+智能合约技术的业财融合架构不是简单地将中心化架构和区块链架构对接,而是要在各层上进行深入融合形成七层融合架构。在这七层融合架构中，业财融合主要负责将财务的资金管理、结算支付、记账管理等工作和前端业务融合，而区块链架构主要解决分布式问题，能在技术上实现中心化架构和区块链架构的交互。七层融合架构自下而上的构成包括：对应区块链架构中的路由服务的路由层；用来存储结构化、非结构化等多种数据，能支持 DB2、Oracle 等多种数据库融合了中心化系统和分布式系统的存储层；实行节点区块共识的共识层；可以屏蔽共识层、存储层和路由层（不同节点）的差异访问层；管理数据对象之间的关系的数据层；处理数据对象之间的各种计算的计算层还有处理各种形式的展现层。一是在路由层实现本节点和其他节点之间路径的构建以及数据的交换；二是在存储层实现数据存储；三是共识层执行节点共识生成区块；四是由访问层为上层提供一个统一的读写访问通道进入数据层；五是数据层梳理数据对象之间的关系后，由计算层处理数字计算的各种关系；六是由展示层以各种形式展出。

构建一个一体化平台需要在业财融合的架构上用融合智能合约业务架构的思路规划业务，注重业务单元切分的分布自治和全局协同。在业财融合的架构上，一体化本质上就成为智能合约的一体化。因此，一体化业务平台也是业务切分和智能合约的编制、分发、执行的平台。

（五）区块链技术运用现状以及现有文献评述

区块链自问世以来从最初与虚拟数字货币相联系一起到逐步发展成产业链，逐渐受到全世界的关注。目前，区块链技术在许多国家被上升为国家战略。在我国，区块链技术发展得到了国家的政策支持，2016 年，区块链技术被列入国务院《"十三五"国家信息化规划》中，在 2018 年发布的《2018 中国区块链产业白皮书》中提到区块链成为全球技术发展的前沿阵地，由此可见国家对区块链发展的重视。2019 年 1 月 10 日，国家互联网信息办公室发布《区块链信息服务管理规定》。2021 年，各部委发布的区块链相关政策已超 60 项。政策在对区块链技术发展的扶持的同时，也加强了对数字货币的监管。至于区块链市场方面，从中商产业研究院发布的《2018～2023 年区块链市场前景及投资机会研究报告》中的信息数据可知，2017 年中国区块链技术收入达到 0.29 亿元，增长率达到 163.6%。2020 年中国区块链产业规模达到 27.8 亿元，增速为 33%（见图 6-2）。

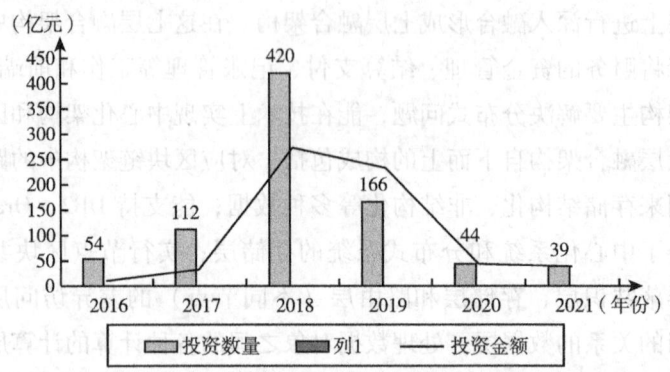

图6-2　2016~2021年中国区块链产业投资数量金额统计

数据来源：中商产业研究院。

如图6-3所示，在中国区块链融资轮次分布情况中，天使轮占比为56.3%，占比最高；其次为A轮融资，占比为15.6%。投资者愿意承担高风险对其进行投资，表明资本对区块链吸金能力的认可，也能看出区块链的发展潜力。

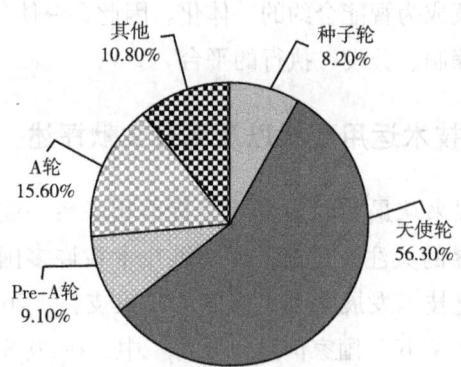

图6-3　中国区块链融资轮次分布情况

数据来源：中商产业研究院。

由图6-4可知，中国区块链在融资地域的分布情况，其中，北京占比最高，占比为38.10%；排名第二的是上海，占比为17.80%；排名第三的是深圳，占比为16.30%；其后分别为杭州、广州、成都、南京、重庆。区块链技术正处于高速发展阶段，拥有着广阔的市场和发展前景，不断吸引着投资者投入资本。

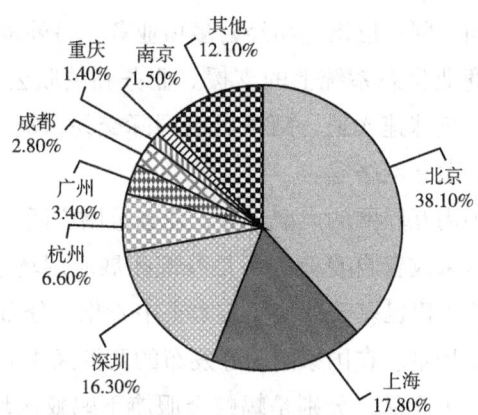

图 6-4 中国区块链融资地域分布情况

数据来源：中商产业研究院。

区块链技术所涉及的应用领域逐渐扩大，区块链技术的发展也为财务管理的发展注入了新的活力。区块链在财务管理的落地应用可以突破传统财务管理的诸多瓶颈，解决了许多阻碍其转型的棘手问题，提高企业的管理效率。目前已有许多企业逐渐尝试将区块链技术布局至财务管理中。企业利用区块链技术的优势可有效解决相关问题，但人们普遍对区块链技术的认知不足，该项技术在现实生活中受局限较大。现有相关文献指出，传统管理模式亟待改革，而区块链技术可以为革新管理模式促进企业在信息流转接收对接事务，为提高信息可靠度给予了技术支持。由于出现时间较短，区块链技术的应用目前仍处于理论到实践的过程，而企业实际落地应用区块链技术时存在的运用各方知识参差不齐导致使用偏差等问题仍有待长远研究。然而，现有企业案例文献较少且资料冗杂，区块链技术在企业财务管理落地应用的实践情况需要更广泛关注与探讨。本案例将从理论层面到案例公司实践层面就区块链应用于企业财务管理中资产交易、财务运作、资金运作等方面进行资料整理分析，旨在通过实质性案例向读者展示区块链在企业财务管理现阶段应用情况、益处以及需要重视的地方以达到为企业财务管理现阶段改革贡献对策的作用。

三、区块链赋能阿里巴巴财务管理案例分析

（一）案例背景

阿里巴巴集团控股有限公司（以下简称阿里巴巴集团）是 1999 年在浙江

省杭州市创立的公司。阿里巴巴集团经营多项业务,另外也从关联公司的业务和服务中取得经营商业生态系统上的支援。业务和关联公司的业务包括淘宝网、天猫、聚划算、全球速卖通、阿里巴巴国际交易市场、1688、阿里妈妈、阿里云、蚂蚁金服、菜鸟网络等。

阿里巴巴作为国内互联网的大型企业,业务范围广泛,应用场景多元,无论是应用区块链技术来改善自身业务还是外部拓展应用场景,都做得很不错。公开资料显示,阿里巴巴已基于区块链技术去中心化、分布式存储及防篡改的特性落地了多个应用场景。在国家网信办发布的两批区块链信息服务备案名单中,阿里系备案了三个产品,分别是蚂蚁金服旗下蚂蚁区块链 BaaS 平台、阿里云旗下阿里云区块链服务和恒生电子的恒生共享账本 HSL。

无论是制造业还是服务业,都离不开金融业的发展,而全新金融体系核心是要靠智能化、靠大数据、云计算和区块链。阿里巴巴从 2015 年开始布局区块链。2016 年,蚂蚁金服将区块链技术首先应用于支付宝爱心捐赠平台,后又延续到互助保险应用。阿里巴巴协同微软、小蚁等推出基于阿里云平台的邮箱存证产品。2017 年,阿里巴巴合作普华永道,打造跨境食品供应链;阿里健康与江苏常州市合作推出我国首个医疗区块链应用——"医联体+区块链"试点项目;阿里巴巴集团、蚂蚁金服集团与雄安新区还签署了战略合作协议,推出区块链租房平台。2018 年,阿里云支持天猫奢侈品正品溯源;蚂蚁金服推出跨境支付、供应链金融以及开出医疗电子票据;阿里云发布企业级区块链服务 Baas;2019 年,阿里巴巴支付宝芝麻应用区块链发展进入应用阶段;2020 年,蚂蚁区块链就面向中小企业正式推出了开放联盟链。自 2017 年以来,阿里已经连续四年蝉联了区块链专项申请全球第一(见图 6-5)。

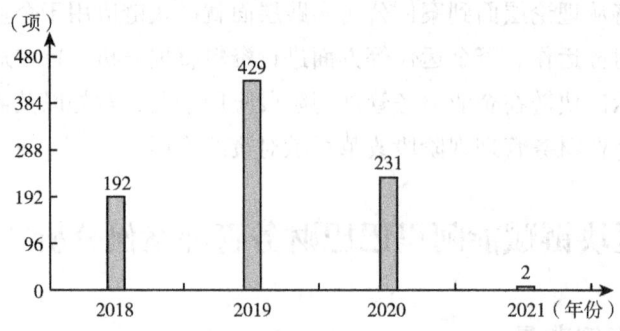

图 6-5 2018~2021 年 8 月阿里巴巴区块链专利申请数量

数据来源:中商产业研究院整理。

短短几年，阿里巴巴区块链已经在公益、金融、电商等领域有了一定的落地应用。蚂蚁链是阿里系区块链战略主要承担者，阿里巴巴区块链绝大部分应用都是基于蚂蚁链落地。蚂蚁链作为底层技术支撑，以阿里巴巴的电商和支付业务为基点，布局于多个领域。阿里巴巴区块链在多个领域实现创新（见图6-6）。

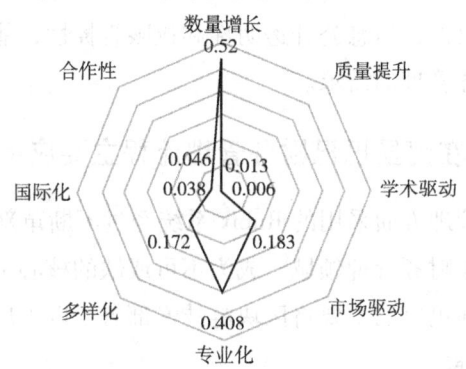

图6-6　截至2021年8月阿里巴巴区块链专利申请雷达图

数据来源：前瞻产业研究院整理。

此外，以Rubix财务系统为基础的区块链财务管理模式，在阿里巴巴财务管理上的应用也日益受到重视。从表6-1可以看出，阿里巴巴区块链技术在财务管理上比例值以大约平均每年15%的迅猛速度进行增长，短短几年里区块链占比从2.30%增长至60%。由此而知，阿里巴巴对于区块链技术应用于财务管理的重视程度以及阿里巴巴在财务管理方面区块链布局范围在逐步扩展。

表6-1　2015~2019年阿里巴巴区块链技术在财务管理上的应用

年份	比例值（%）
2015	2.30
2016	10.65
2017	34.77
2018	49.18
2019	60.00

数据来源：王士公．区块链技术对公司财务管理的影响——以阿里巴巴为例［N］．成都：西南财经大学，2019．

Rubix平台是德勤在2015年推出的"一站式区块链软件平台"，它是一款企业级应用平台系统，合作客户可以基于其区块链基础设施来创建自己的应用程序。Rubix 为客户提供了访问多个分布式共识平台的权限，其大部分运作集中于以太坊（Ethereum）协议。其中，Rubix 平台一个重要的项目是 Debittes Perma Rec，其为客户提供了一个全球性分布式账本，与 SAP 和 Oracle 等各种财务报告系统进行链接，会计人员可实时访问相关数据，进行全覆盖的审计工作与自动化纳税申报。Rubix 为阿里巴巴提供了一系列接口来支持传统企业系统环境，其处理高效性、信息公开透明性和权限管控性，能够在很大程度上满足阿里巴巴企业财务管理的需求。

（二）区块链在阿里巴巴财务管理流程主要应用层面

阿里巴巴财务管理方面采用的 Rubix 系统经过不断革新完善，该系统已经逐步落地应用于企业财务管理领域，成为不可或缺的核心平台。在现阶段财务管理处理流程中，阿里巴巴主要将区块链技术部署于以下层面。

1. 资产交易层面

在财务综合管控体系的建设发展中，基于区块链技术实现，阿里巴巴在交易基础信息的存储中，利用该功能的管控作用能够确保用户通过区块链实现自身数据库的创建需求，进而能够防止因不合理升级而出现的账本信息不一致问题，还能作为交易留存的证明。在复杂判断逻辑的鉴别中，实现既定用户信息的绑定，进而能够实现可靠的数据信息交互。最后通过区块链能够实现多类型的货币交易，同时能够更好地完成记账、核账等功能的运行实施。此外，对于企业财务运作中并购、重组、资产租赁等在资产交易中信息不对等的问题，阿里巴巴通过区块链技术用于财务管理的确认、计量、记录以及财务报告等方面。在确认环节，对交易信息进行核查分析，通过分布式账单实行双向数据管控；在计量环节，存储各个节点数据，做到信息透明化；在记录环节，采用去中心化记账模式，实现智能合约管控，有效降低人为篡改风险；在财务管理报告环节，实现数据信息全透明化，弱化人为因素影响，做到交易信息动态客观。

2. 财务运作层面

企业财务运作一般以财务部门为核心，这涉及企业部门之间的协调问题。虽然当今大多数企业都有自己的信息管理系统和业务处理系统，但是仍存在因为信息不完全公开而导致部门业务冲突、业务运作流程步骤冗长以及运作效率低下的问题，阿里巴巴运用区块链技术布局企业财务系统平台，利用其分布式记账等核心技术优势，在数据精确的基础上，展开精准的预算，保证预算编制的准确性，对公司资源实现有效利用，对企业项目进行把控，进而降低公司的财务风险，实现信息公开透明化，从而使部门分工协调合理，提升企业内部工作效率。此外，在传统核算中，金融中介的存在导致传统的核账等模式存在一定的隐患，同时财务管理业务处理流程烦杂，难以满足公众对其时效性的期许。在这种现状需求下，阿里巴巴利用区块链技术去中心化、点对点交易等优势，对原有业务步骤进行简化，省去许多不必要的流程，有效提升跨国交易相关业务处理效率。

3. 资金管控层面

企业的财务活动中包括资金的筹集、运用和分配。筹集阶段中，阿里巴巴使用区块链技术的数字货币技术可以直接进行点对点支付，而越过银行等中介"手续费""中介费"的存在，简化筹集资金的方式，提高筹集的资金的数量，同时将节省的部分费用合理分配到其他地方，完善企业的资本结构。此外，资金的运营难免涉及企业内部数据管控问题，阿里巴巴使用 Rubix 财务系统实现实时自动化审计，基于 Rubix 平台的财务管控系统能够自动地对分布式账单进行获取，对交流中的原始信息进行自动审核，使信息的透明度进一步提升，进而更好地降低对人力物力的资源投入，减少审计成本；还运用了通过 Rubix 系统将交易处理的审核节点提前以对可能存在的风险进行预警的事前预警系统，以及能够将企业不良信息进行记录并进行节点传播的事中监督体系，既保证了企业财务信息综合管控的高效性，又降低了审计成本，助力企业资金分配环节。

（三）区块链在阿里巴巴财务管理取得的成就

1. 保证透明性，安全管控

在风险控制维度上，首先，阿里巴巴采用区块链技术建设财务管理平台能够更好地规避因人为操作导致的错误风险，同时通过智能合约等方式利用代码的高效和准确的执行能力来降低员工操作的风险，进而能够保证通过节点进行交易的双方均能够实现自身利益的最大化，每个节点均能实现对数据信息的查看，保证信息的透明公开，确保获取的交易数据的准确性和真实性。其次，阿里巴巴的区块链利用的 Rubix 平台具有的先进信息加密途径，其节点在进行数据信息的获取中需要通过密钥的方式。这实现了交易安全，进而能够最大限度地提升对数据信息被盗窃的现象的抵御能力。对权限的设置必须是具备权限的人员才能进行相应操作，进而保护用户的隐私数据，降低出现风险的概率，增强财务系统的综合管控能力，提升对数据的安全保护。因此，Rubix 平台的独特加密方式既能够保障在外部黑客攻击节点数据时数据的完整性，又能防止内部被人为篡改的风险，进一步提升企业财务管理的管控能力。

2. 提升交易执行效率

在传统的财务管理业务处理中，主要是通过人工的方式对财务数据信息进行处理，如数据采集、记账、核算和检测等方式。这在一定程度上会导致账务延迟、效率得不到保障。阿里巴巴区块链技术的应用能够通过智能处理模式对财务交互信息进行准确采集、记账，进而能够更好地提升财务信息交互的时效性。此外，阿里巴巴通过区块链技术直接进行点对点交易，简化财务业务流程，实现去中心化的高效率交易，避免财务业务运作中的种种麻烦。在智能合约的约束下，双方达成的交易强制进行，阿里巴巴采用该技术提高了财务活动中特别是跨国等大型交易的合约签订与执行效率。由表 6-2 可见，阿里巴巴不同区间规模跨国交易在区块链技术应用后处理时效均有大幅提高，在 100 万元以下、100 万~500 万元、500 万~1 000 万元、1 000 万元以上这几个区间的跨国交易规模中，处理时效分别提升了 6 倍、2 倍、3 倍以及 2.5 倍。

表 6-2　阿里巴巴不同规模跨国交易区块链应用前后处理时效对比

交易规模	应用区块链 Rubix 平台前	应用区块链 Rubix 平台后
100 万元以下跨国交易	36 小时	6 小时
100 万~500 万元跨国交易	48 小时	24 小时
500 万~1 000 万元跨国交易	3 个工作日	34 小时
1 000 万元以上跨国规模	5 个工作日	48 小时

数据来源：王士公. 区块链技术对公司财务管理的影响——以阿里巴巴为例 [N]. 成都：西南财经大学，2019.

3. 降低交易成本

麦肯锡在发布的《区块链：银行业游戏规则的颠覆者》报告中指出，传统的财务管理模式在执行业务时，企业需要支付的成本在 26 美元，而这部分的支出成本主要用途为转账合规性检查、中转银行网络的维护等，在业务处理成本管控的角度上，这项支出的成本较高。而阿里巴巴利用区块链平台的点对点交易优势可以越过高昂的手续费，降低企业在该项成本费用的支出；区块链技术实现的信息透明化还降低了阿里巴巴与其他企业合作时建立的信任成本和合约成本。阿里巴巴将区块链技术用于人力物力资源的合理分配方面，实现成本综合管控，进而降低交易成本。由表6-3可见，2015~2018年，阿里巴巴每100万元交易成本每年都在下降，并且下降幅度较大，交易成本平均每年下降金额为653.36元。

表6-3　　　　　2015~2018年阿里巴巴每100万元交易成本　　　　　单位：元

年份	每100万元交易成本
2015	2 987.38
2016	2 258.79
2017	1 569.31
2018	1 027.58

数据来源：王士公．区块链技术对公司财务管理的影响——以阿里巴巴为例［N］．成都：西南财经大学，2019．

从上述数据收集整理我们可以得到以下折线图，如图6-7所示。

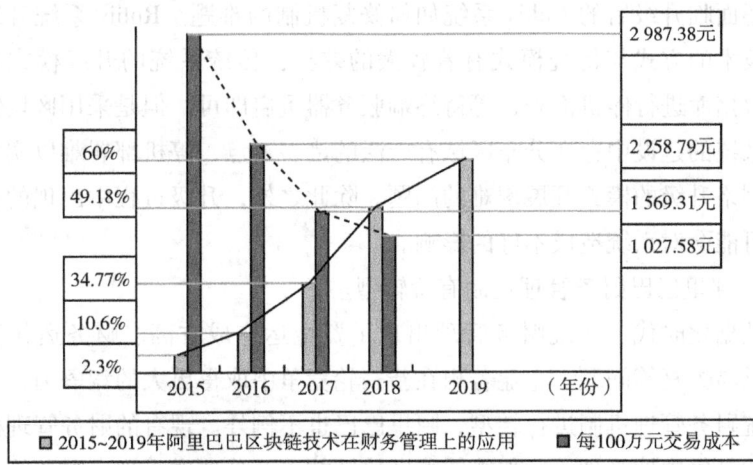

图6-7　阿里巴巴每100万元交易成本与区块链技术应用比例变化关系

数据来源：王士公．区块链技术对公司财务管理的影响——以阿里巴巴为例［N］．成都：西南财经大学，2019．

通过对图6-7的分析，我们可以知道阿里巴巴每100万元交易成本从2015年的2 987.38元下降到2018年的1 027.58元，这与阿里巴巴区块链技术在财务管理上比例值从2015年的2.30%增长到2019年的60%密切相关，这两者的变化趋势呈负相关关系。阿里巴巴区块链技术对于像阿里巴巴这种跨国大企业，在财务管理中降低交易成本方面有着明显成就，这也印证了当时阿里巴巴董事长对区块链的高度期望："区块链不是泡沫，比特币才是，我个人非常看好区块链技术。"

（四）区块链在阿里巴巴财务管理面临的挑战以及提供的建议

1. 挑战

（1）区块链主体性能以及升级修复机制等技术性相关问题有待突破。

区块链技术在实践应用中的性能稳定性较弱，现有技术能力难以满足理想需求，导致了现阶段区块链应用于企业财务管理的情况并不乐观。区块链技术应用系统对于高性能硬件服务器要求较高，需要一定的技术成本。区块链在实际应用过程中需要通过多节点挖矿的方式实现业务数据信息的高效处置，但是现今大型数据库存储能力的提升以及硬件设备的散热能力还没有较好的解决方法。这些情况也妨碍了区块链技术在企业财务管理方面的落地应用。为了能够在区块链应用浪潮中脱颖而出，阿里巴巴企业也进行深入研究开发。此外，阿里巴巴还面临升级后的 Rubix 系统如何修复机制的难题。Rubix 系统升级应用区块链技术的方式与传统模式有着较大的差异：传统系统的升级模式较为简单，对数据库进行停机部署，等待终端服务器重启即可。但是采用区块链技术的网络系统的建设中存在分布区域有广泛的诸多节点，停机部署难以实现，同时存在网络升级的模式开展困难的问题。除此之外，升级过程中出现的任何意外都有可能会对系统造成不好的影响。

（2）阿里巴巴财务管理机制有待转型。

在数据化时代，传统财务管理出现了资金运作成本高、财务运作流程冗杂、信息易失真等问题。企业若想在新一轮竞争中取得更大的竞争力，必然需要将传统财务管理机制进行转型，阿里巴巴也不例外。现有的财务管理模式发展更多的是集中性管理，假如能够将区块链技术充分地融入现有财务管理管控系统的建设性能中，就能够更好地保障财务信息准确性，提升企业部门工作效率以及降低交易的诚信成本费用。财务管理的转型不仅仅是对技术提出需求，更是企业发展对于财务管控人员的要求。在企业财务管理转型时期，阿里巴巴对于企业相关从事人员的技术培训是不可忽视的，此外，对道德综合素质的培养也在财务管理发展新阶段中有着更高的要求。财务管理的发展趋势是从一个单一的系统向一个多元化、多层次、与企业管理相结合的体系转变，这是一个逐步发生改变的过程。在这个过程中，阿里巴巴还需要投入更多的时间和精力。

2. 建议

(1) 在技术层面的提升。

从技术层面来说，区块链具有在缺乏信任基础的节点之间传递信任、在缺少信息守恒的网络上传递价值的优势，进而在程序代码的控制以及审计压力下使涉及信任和价值的复杂业务逻辑的实现成为可能。但是目前区块链技术还处在初级阶段，在落地应用过程中遇到很多仍未能解决的诉求。通过资料分析发现，在目前形势下，阿里巴巴企业若要成功应对技术方面的挑战，就应该在性能、隐私保护、跨链和协议栈分层等方面下功夫。首先，性能方面，阿里巴巴需要大力发展基于内存的共识机制和将数据分离的中心化存储。因为在万物互联的大时代背景下，不太可能出现全网失电的情况，这时持久化不应作为记账的前提，而是应该通过其他技术手段将那些已经达成但尚未持久化的交易进行回补。我们知道，在进入全球贸易场景后，企业进行的交易数量将迅速增加，这个时候，全量存储也不该成为记账的前提，因为主链与去中心化存储之间还可以通过其他技术手段做好协同。如果阿里巴巴企业在以上的两个方面深入挖掘激发潜能，将对区块链性能的改良有相当的促进作用。其次，隐私保护方面，阿里巴巴在密码学以及非密码学的研发应该同时跟进，因为密码学研发主要集中在零知识证明等机制的高效算法实现上，而非密码学研发则主要集中在保持原始样本隐私条件下的合作学习机制及其高效算法实现上。此外，隐私数据参与数据合作时的贡献度度量也需要阿里巴巴的重视与行动，阿里巴巴应当争取将其与区块链技术相结合，助力构建更为良性的数据合作生态。再次，在跨链方面，区块链3.0时代将解决区块链落地应用的问题，随着区块链应用逐步与基层生活接轨，相关法定数字货币以及锚定法币的稳定币将不断出台，此时数字资产流通规模将迅速扩大，而数字资产原有的发行源头将会弱化。这样的情况将会导致每条链现在发行流通两用的情况，在未来会由发行与流通相分离的局面替代，跨链会成为未来的标配。因此，通过协议方式实现跨链是阿里巴巴企业技术实现上应该努力的方向。最后，协议栈分层方面，相比于价值转移，存证和定序是区块链技术更基本的技术诉求，阿里巴巴不应把存证建立在交易确认的基础之上，而应把交易建立在存证和定序的基础之上。在业务处理上，交易请求的收讫、交易合法性的确认和交易最终性的达成也需要有明确的划分，以适应不同的业务闭环要求。其中，可运维性、可治理性诉求都需要在协议栈分层中有所体现，信息内容的监管要求也应该在区块链协议体系内得到满足。综上所述，阿里巴巴构建区块链布局应该从底层开始进行更全面的规划和更科学的顶层设计。

（2）在法律法规基础上的治理与监管。

服从、配合国家的管理是个人、企业应尽的义务与责任。近年来，国家对区块链技术的发展十分重视。2019年，国家互联网信息办公室发布《区块链信息服务管理规定》；同年10月，在中央政治局第十八次集体学习时，习近平总书记强调"把区块链作为核心技术自主创新的重要突破口""加快推动区块链技术和产业创新发展"；2021年，各部委已发布超60项的区块链相关政策和区块链被写入"十四五"规划纲要，这些全方位推动区块链技术赋能各领域发展，各级政府积极出台相关政策，为区块链在国内发展构造了良好的环境。国家支持技术赋能实体产业，通过区块链影响目前的产业格局，从而推动经济发展。但是，对于集资形式的ICO、OTC场外交易等现象，是严令禁止的。阿里巴巴企业应该重视国家政府的要求，在发展区块链技术的同时，坚守相关规章制度。此外，如何使被法律所禁止的信息既能在区块链上不可读，又不影响区块链的会计勾稽关系，也是阿里巴巴企业需要重视的问题。

（3）针对阿里巴巴财务管理机制转型提出的建议。

首先，在系统建设上，阿里巴巴可以将区块链技术充分融入现有的财务管控建设之中，实现和发展现有的财务管控系统建设性能，保障财务信息登记和核查的准确度，实现财务业务处理模式的转型，进而提升财务管控工作的时效性，通过区块链技术实现传统系统与升级建设之间的完美对接。其次，在财务人员的转型上，阿里巴巴不仅需要重视员工的综合素质以及相关技能培训，还要重视决策管理人员对于区块链技术发展的认识和理解，避免陷入"区块链能够彻底消除欺诈、智能合约等于法律合约"等认识误区，少走弯路，进而更好地实现企业总体业务能力的提升。最后，区块链技术属于一项新兴的智能化技术，区块链对于企业财务管理的价值不可小觑。现今区块链发展属于智能化3.0时代，区块链3.0时代的竞争说到底还是人才的竞争。由此，阿里巴巴也应当主动落实福利制度，积极引进高质量人才。

四、结论与启示

本案例以区块链赋能阿里巴巴财务管理为背景案例，主要从文献理论层面到公司实践层面就区块链应用于企业财务管理中信息安全、运营效率、资金分配等方面进行分析,通过实质性案例以及数据图表佐证向读者展示了区块链在企业财务管理现阶段应用情况以及赋能作用。在本案例分析中,不仅对区块链在阿里巴巴财务管理方面应用的优点进行了解读,还对其应用的不足以及需要加以重视的地方给予了建议,旨在通过本案例向更多面临区块链落地应用难题的企业提供建议。案例结论如下:

第一,企业财务数据质量对企业财务管理决策、评估的重要性不言而喻,而区块链技术不仅可以利用其共识机制实现数据的实时监控,让每一条信息都可以通过时间戳进行源头追溯,还能通过形成数据存证链,让人无法伪造和销毁财务数据。数据从源头按证书、时、空的维度被精准记录,进而提高财务数据质量。阿里巴巴利用 Rubix 平台建立的区块链财务管理系统赋能财务信息的确认、计量、记录以及财务报告等环节,进一步提高数据的真实性。

第二,传统财务管理模式容易出现信息丢失、外部黑客攻击等信息安全问题。区块链是一种新型的以密码学为基础的加密分布式记账系统。其分布式账本使每一个节点都记录的是完整的账目,使数据丢失的可能性降低。而非对称加密算法令任何其他未授权用户均不具备解密此信息的权力,避免被恶意破坏,以保障数据的安全。阿里巴巴区块链利用 Rubix 平台采用独特加密方式,既能够避免外部黑客攻击节点数据的完整性,又能保证信息的透明公开,进一步提升企业财务管理的管控能力。

第三,在资金筹集阶段,合作企业之间信息不对等的情况增添了一笔"信任成本"的大额费用。然而,依托区块链技术建立的企业联盟链平台可以实现合作交易双方的信息公开透明。阿里巴巴利用区块链技术越过银行等中介,直接进行点对点支付,进而减少因信任问题产生的交易成本费用,助力资金分配环节。此外,阿里巴巴实行自动化实时审计,降低了企业核算审计的支出。

第四,区块链提高企业工作效率主要体现在部门协调效率以及交易执行效率上。区块链技术能够实现点对点的直接交易,使流程中很多的重复验证和操作流程得以简化甚至消除,从而大幅提升部门间的合作执行效率。此外,区块链的高效性以及更短的交易结算和清算时间,使交易中的资金和资产需要锁定的时间减少,从而加速资金和资产的流动。阿里巴巴利用区块链财务平台智能合约技术大大减低了大型跨国交易的时间进而提升企业交易执行效率。

第五,现阶段区块链技术的应用与实际需求仍有较大差距,实现区块链技术的落地应用仍需要企业刻苦钻研以争取早日突破相关技术瓶颈。阿里巴巴若想要在区块链 3.0 时代脱颖而出，就应该在区块链性能、隐私保护、跨链和协议栈分层等方面实现区块链主体性能以及升级修复机制等技术性相关问题的突破。

第六，传统财务管理在新时代的局限性促生了其转型需求，区块链技术具有的独特优势可以帮助企业财务管理更好地进行改革创新。然而，企业财务管理的转型不仅仅体现在技术上的升级创新，更需要企业财务人员的与时俱进。因此，企业不仅需要重视已有员工的综合素质以及相关技能培训，还需要主动落实福利制度，积极引进高质量人才。

本案例启示如下：

第一，区块链应用要立足于实际情况，不要过于夸大区块链的功能。在整个区块链应用于财务管理转型的战略布局中，企业要把控好转型节奏——这是一个逐步变化的过程，从单一的系统向一个多元化、多层次、与企业管理紧密结合的体系进行升级。企业还应该重视国家政府的要求，在发展区块链技术的同时，也要遵守相关规章制度。

第二，在财务管理转型升级中，极为重要的一点是要降低交易成本、提高管理的效率，而区块链技术可以帮助企业在财务管理过程中减少非必要的交易损耗以及部分非必要的中间环节，实现信息公开透明化，合理调配各部门的分工与合作，提高企业整体效率。

第三，在数据信息的各管理环节中，企业可以利用区块链技术做到流程严谨、数据信息透明化、降低人为原因等风险，使数据信息在动态化中保持客观严谨。

第四，企业应保持对财务运作过程的风险控制，在事前、事中、事后的三个阶段皆可以通过区块链技术采取相关措施——运用事前预警系统、事中监督体系。有了前两阶段的措施防控，事后阶段的风险爆发的可能性会最大限度降低，最大限度地减免损失，保障企业运行风险应对能力。

第五，在突破区块链技术落地应用的瓶颈上，企业需要在性能、隐私保护、跨链和协议栈分层等方面投入更多的精力，以尽早提升区块链技术的主体性能，争做区块链 3.0 时代的"领头羊"。

第六，企业在管理上也要做到奖惩分明，要主动落实福利程度，引进高质量人才，并能最大限度地发挥他们的能力；同时也要做好问责制度，增加管理的严谨程度，最大限度地减少风险和不利影响。

参考文献

[1] 张浩. 一本书读懂区块链 [M]. 北京：中国商业出版社，2018.

[2] 张晓旭. 基于区块链技术的企业财务管理应用研究 [J]. 企业改革与管理，2020 (17)：142-143.

[3] 汤济齐. 区块链背景下的财务管理变革研究 [J]. 经营管理，2020 (14)：49-50.

[4] 周诗淇. 传统财务管理模式的弊端与改进 [J]. 全国流通经济，2017 (22).

[5] 刘崇明，韩明阳. 区块链技术在公司财务管理中的应用模式与发展前景探究 [J]. 财务管理研究，2020 (12).

[6] 刘东方，粟恒. 区块链技术在财务管理邻域的应用 [J]. 国际商务财会，2019 (12).

[7] 何瑛，杨琳，张宇扬. 新经济时代跨学科交叉融合与财务管理理论创新 [J]. 会计研究，2020 (3)．19-33.

[8] 庄春莹. 区块链技术在企业财务体系中的应用研究 [J]. 纳税，2020，14 (23).

[9] 肖一飞，杨光，毛希娟，桑文奇，杨宇，等. 新技术 | 区块链新型财务管理模式，应该怎样构建？[J]. 管理会计研究，2020 (3).

[10] 刘根霞. 评《互联网+时代下的财务管理》[J]. 统计与决策，2020 (2)：1.

[11] 王硕. 区块链技术在金融领域的研究现状及创新趋势分析 [J]. 上海金融，2016 (2)：4.

[12] 张艳. 区块链对传统金融的重塑——评《区块链：重塑新金融》[J]. 教育发展研究，2017 (19)：1.

[13] 印紫玮，王佳，孙茜，等. 基于互联网的区块链技术在财务管理中的应用研究 [J]. 行政事业资产与财务，2020 (1)：2.

[14] 敬志勇、尹佳佳. "区块链+会计"应用研究——基于德勤 Rubix 平台的分析 [J]. 会计之友，2020 (09)：149-150.

[15] 王士公. 区块链技术对公司财务管理的影响——以阿里巴巴为例 [N]. 成都：西南财经大学，2019.

[16] 巴比特. 区块链十年——看见怎样的未来 [M]. 北京：中国友谊出版公司，2019.

案例 7　智能化司库赋能大型企业财务管理数字化转型升级

——以用友 BIP 全球司库为例①

摘　要： 随着数智化时代的到来，我国经济发展面临着新的挑战，国家提出要全面推进司库管理体系建设、加快建设世界一流财务管理体系，从而提升企业在财务管理上的精细化、集约化、智能化水平。同时，司库体系也进入了"3.0 价值型司库阶段"，即司库体系迈入数智化阶段，各大财务软件开发平台竞相推出"司库软件"。

本案例对探究上述问题进行研究，研究思路如下：

第一部分为绪论，阐明案例研究的背景、目的、意义以及研究方法。本部分基于 PEST 模型探究司库体系构建的背景，为数智化司库的建设提供理论支撑，进而发掘出研究目的及意义，找出司库体系的本质，为数智化司库建设提供可行的方案。

第二部分为行业分析，交代司库体系发展历程及司库在中国企业中运用的阶段。本部分主要从司库发展的萌芽期、建设期以及发展期探究司库发展的特点，进而从中国企业运用司库的阶段、开端、发展到提速找出司库体系应用构建的本质，为司库的构建提供行业说明。

第三部分为数智化司库的详细介绍。从国家政策层面积极推进构建数智化司库，加快财务数字化转型。现今企业业务不断扩张，发展历程不断加快以及用友顺应时代发展趋势不断进行技术上的创新三方面阐明用友 BIP 的开发动因。同时对用友 BIP"协同云、采购云、供应链云、人力云、云平台、营销云、财务云、制造云"八大板块进行研究，深度阐述其运行模式，从而找出

---

① 作者：冯晓晴、刘果、汪紫涵、陈嘉盈、林婉莲、林长青
　指导教师：谭炼

其司库体系的设计结构。

第四部分为企业运用用友 BIP 后的成效分析。本部分以某大型水泥集团及某大型钢铁集团为例，探究其如何运用用友 BIP 司库及运用后的建设成果，进一步探究用友 BIP 的可行性及数智化司库的效用。

第五部分为案例启示与价值推广。本部分通过对前文用友 BIP 司库运用案例的研究，找出数智化司库如何为大型企业财务管理赋能及数字化转型升级，得出要利用数智司库让资金资源实现集中管理、利用司库加强企业风险的防范与管控、加强企业内部统一管理等启示，从而在案例中发掘出数智化司库及数智司库软件用友 BIP 的推广价值，促进我国构建世界一流财务体系。

关键词：数智化司库；用友 BIP 全球司库；世界一流财务体系

一、绪论

（一）研究背景

1. 政治环境（Political）

2022 年，国务院国资委连续发布两份文件，提出全面推进司库管理体系建设和加速建设世界一流财务管理体系。在这种时代背景下，推动我国企业特别是中央企业加快司库管理体系建设具有非常重要的现实意义。从以下政策以及事件中，可以看出国家政策对司库体系建设给予了极大的重视与支持（见表 7-1）。

表 7-1　　　　　　　　　　司库体系建设政策

2022 年 1 月	国务院国资委发布 1 号文件——《关于推动中央企业加快司库体系建设进一步加强资金管理的意见》
2022 年 2 月	国资委在《有关建设世界一流财务管理体系的指导意见》中提到司库系统
2022 年 7 月	国资委召开中央企业司库体系建设现场推进会并提出"突出司库体系风险防控功能，全面防范资金风险和金融市场风险"

2. 经济环境（Economic）

随着我国经济实力的不断增强，经济发展的不断转型升级，企业规模的不断扩大，资金管理日益复杂，无论是民企还是央企都面临着企业发展形势的转变。

3. 社会环境（Social）

当前，我国面临的宏观社会环境为：国内外经济形势严峻复杂，风险挑战不断增多。因此，迫切需要通过加快司库管理体系建设，确保资金看得见、用得好、管得住，做到风险早发现、早预警、早处置，牢牢守住企业安全发展的底线。从微观环境来看，我国企业的司库现状水平良莠不齐，存在人才匮乏、司库角色定位不明晰、业财系统信息割裂、司库体系不健全等问题，随着企业的业务扩张和发展进程不断增快，再加上金融市场的发展与日俱增，我国企业对资金管理水平的要求不断提高，许多企业纷纷进行财资管理体系的转型升级。同时，快速演变的社会大环境使得司库的职能也在不断转变，我国新司库体系的建设刻不容缓，如此才能适应当下社会环境，适应国家发展要求（见图7-1）。

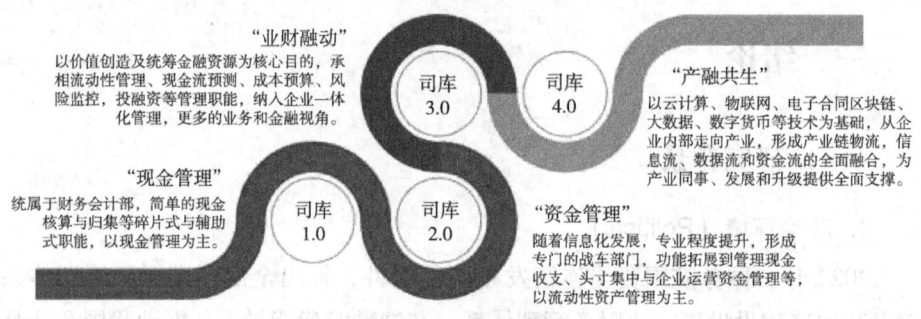

图7-1 司库迭代过程

4. 技术环境（Technological）

企业管理的中心是财务管理，而财务管理的核心是资金管理。随着我国科研经费不断增加，为新技术的发展提供了坚实的物质基础（见图7-2和图7-3）。

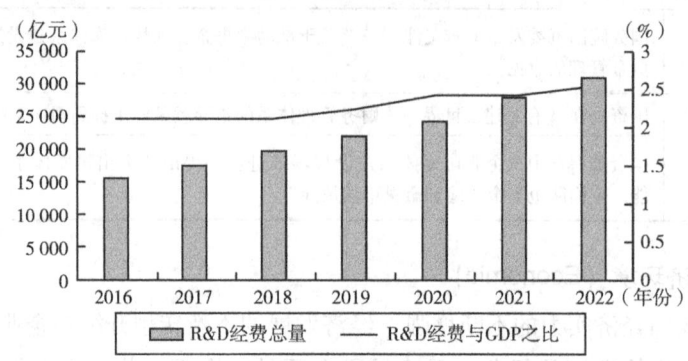

图7-2 2016~2022年全国R&D经费及投入强度情况

案例7 智能化司库赋能大型企业财务管理数字化转型升级

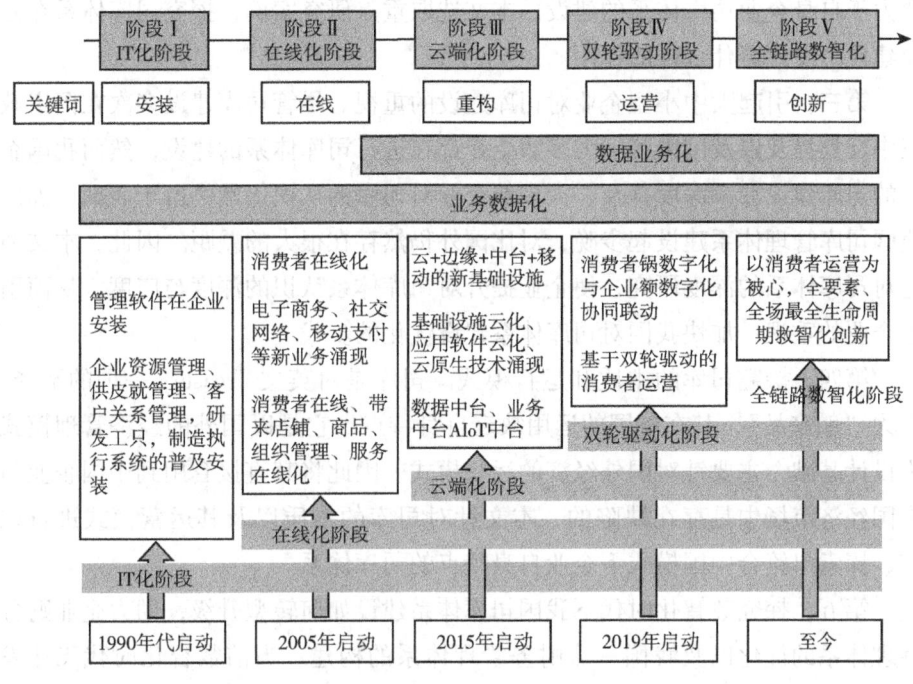

图7-3 数智化转型沿革历程

(二) 研究目的和意义

1. 研究目的

第一,探究司库在我国经济建设中的重要程度。2022年1月24日,国务院国资委发布了《关于推动中央企业加快司库体系建设进一步加强资金管理的意见》的通知,同年又接连发布《关于中央企业加快建设世界一流财务管理体系的指导意见》以及《关于进一步提升上市公司财务报告内部控制有效性的通知》,通知强调加快推进司库管理体系落地实施,将银行账户管理、资金集中、资金预算、债融资、票据管理等重点业务纳入司库体系;加快推进司库建设,将各项风险与合规要求嵌入司库管理系统,实现全流程在线不落地管控,强化全层级透明化管理,推进全面风险管理体系建设,加强金融风险管控,建立穿透式监督机制。2022年,司库管理体系的建设连续出现在了国家三个红头文件中,其到底有着何种重要程度值得深入研究。

第二,探究司库体系在企业建设中发挥着何种作用。从国有企业到非国有企业,从大型企业到小型企业,从跨国企业到国内企业,大大小小的企业都在致力于自身企业司库体系的建设。本文选取重点研究案例，探究司库体系在企业建设中发挥着什么样的作用。

第三，引起大中小型企业对司库建设的重视。尽管司库建设多次在国家政策中反复提及以及国内当下大多数企业都在进行司库体系的建设，然而我国企业的司库建设并未深度普及，大多数企业对司库的认识仍然停留于表面，加之我国司库管理体系建设起步晚，对比国外仍然存在很大的差距。因此，本文通过对司库体系的深度研究，使企业提升对司库体系认识的深度与广度，从而引起企业的重视，加快我国对司库体系建设优化的步伐。

第四，探究司库的本质和运行模式。司库是对英文 Treasury 一词的翻译，作为"舶来品"，其在中国的运用缺乏自身特点，它是以国外的经济管理模式为设计基础，主要针对国外经济的运行模式。因此将其直接套用到中国企业与中国经济市场中是存在缺陷的，本文针对司库的本质以及其运营模式进行探究，探索出符合中国模式下企业自身特点的司库体系。

第五，探究数智化时代下我国司库体系建设如何转型升级，助力企业财务管理体系的优化以及我国一流财务管理体系的构建。当前数智化时代飞速发展，传统的司库体系已无法适应目前快速发展的经济社会，传统财务体系面临着巨大变革，以用友、金蝶、司库立方为代表的财务信息软件公司迅速作出反应，开发司库体系产品（见表 7-2），助力企业财务体系转型。本文以用友 YonBIP 为分析对象，探究数智化时代司库体系的转型升级。

表 7-2　　　　　　　　　　　司库体系产品

企业	司库产品	产品简介	产品客户
司库立方	司库精灵	SaaS + PaaS + 微服务的企业智能全生命周期现金流管理平台，帮助企业更好地"看住钱""管好钱""攒足钱""用钱生钱"	1 个 API 链接全球银行 700 + 的基础上，又新增了数百家，扩充至 1000 +，支持全球币种
用友网络科技股份有限公司	YonBIP	基于 iuap 六大平台，采用新一代信息技术，按照云原生、元数据驱动、中台化和数用分离的架构设计，涵盖平台服务、应用服务、业务服务与数据服务等形态，集工具、能力和资源服务为一体，服务企业与产业商业创新的平台型、生态化的云服务群，社会级的数智化商业创新平台	中国世界企业 500 强企业占 80%、央企 65%、国企 50%

续表

企业	司库产品	产品简介	产品客户
金蝶国际	云系列	金蝶云系列司库管理产品为企业提供全面的价值管理工具应用，	已为世界范围内680万家企业、政府提供服务
		除了基础的现金管理、资金监控、资金集中和流动性管理外，同时司库管理产品还提供风险预警、风险工具管理、全球资金集中管理、外汇管理、投融资管理、资金决策管理	

2. 研究意义

第一，为企业提供一条可供借鉴的切实可行的司库建设方案。当下我国司库建设正在逐步推进，然而对如何建设司库的相关研究却并不多，以"司库体系建设"一词作为关键词进行检索，得到的结果仅有164条，由此可以看出对于司库体系的建设研究还有待进一步提升；与此同时，目前成功构建出新型司库体系的企业少之又少，而大部分文章的司库构建模式陷于"纸上谈兵"，反观目前大部分的企业甚至还不具备构建司库体系的能力。因此本文的研究有助于为企业提供可借鉴的、切实可行的司库建设方案。

第二，助力我国当下数智化背景下央企建设的转型。大多数中央企业的司库体系建设仍处于初级阶段，同时也亟须具有较强专业性和技术性的人才队伍，所以司库体系的建设刻不容缓。

第三，完善司库构建理论，助力数字化在司库管理体系建设中的应用。随着信息技术的发展、企业司库建设及数字化转型的迫切要求，数智化的司库建设已不可或缺，本文的研究从司库的数智化建设出发，助力司库建设的转型升级。

（三）研究思路

由于国资委在《有关建设世界一流财务管理体系的指导意见》中强调司库系统的建设，因此以政策热点作为案例研究基础。本文以用友旗下的软件YonBIP为案例研究对象，探究其在我国企业司库体系建设中的作用。首先，对司库体系进行细分，探究其在每个阶段的发展；其次，分析司库建设的动因及实施路径，探究司库的本质及运行模式；再次，以代表性案例作为研究对象，分析YonBIP在案例企业构建司库体系的过程中发挥的作用并找出众案例的共性，探索出可复制、可推广的司库建设模式；最后，本文对数智化司库进行深入研究，探索出符合时代特点的"数智司库"，研究其更新迭代后的优势，为我国建设一流财务体系注入"数智动力"。

（四）研究方法

本文主要采用模型分析法，如 PES 模型对司库构建的行业背景进行细化分析研究。采用定性分析法研究司库建设的理论基础及司库建设的意义，同时结合个案研究与文献研究对司库的运行进行探究，探究司库的本质以及其在数智化下的迭代升级，找出符合我国经济特点的司库运行方式以及可复制、可推广的司库建设模式。

二、行业分析

（一）发展历程

从司库体系建设覆盖的功能和使命划分，总共经历了四个阶段的升级（见图 7-3）：

司库 1.0：现金管理。隶属于财务会计部。简单的现金核算与归集等碎片式与辅助式职能，以现金管理为主。

司库 2.0：资金管理。随着信息化发展，专业程度提升，形成专门的司库部门。功能拓展到管理现金收支、头寸集中与企业运营资金管理等，以流动性资产管理为主。

司库 3.0：业财融动。以价值创造及统筹金融资源为核心目的，承担流动性管理、现金流预测、成本预算、风险监控、投融资等管理职能，纳入企业一体化管理，更多的业务和金融视角。

司库 4.0：产融共生。以云计算、物联网、电子合同、区块链、大数据、数字货币等技术为基础，从企业内部走向产业，形成产业链物流、信息流、数据流和资金流的全面融合，为产业洞察、发展和升级提供全面支撑。

（二）智能化司库推广应用面临的现实困难

（1）企业数字化程度欠缺。

面对前几年疫情对经济的冲击、外部环境的变化，数字化的投入与产出不成正比，产出跟不上投入，使得企业不敢也不能继续在数字化上投入更多，这

案例7 智能化司库赋能大型企业财务管理数字化转型升级

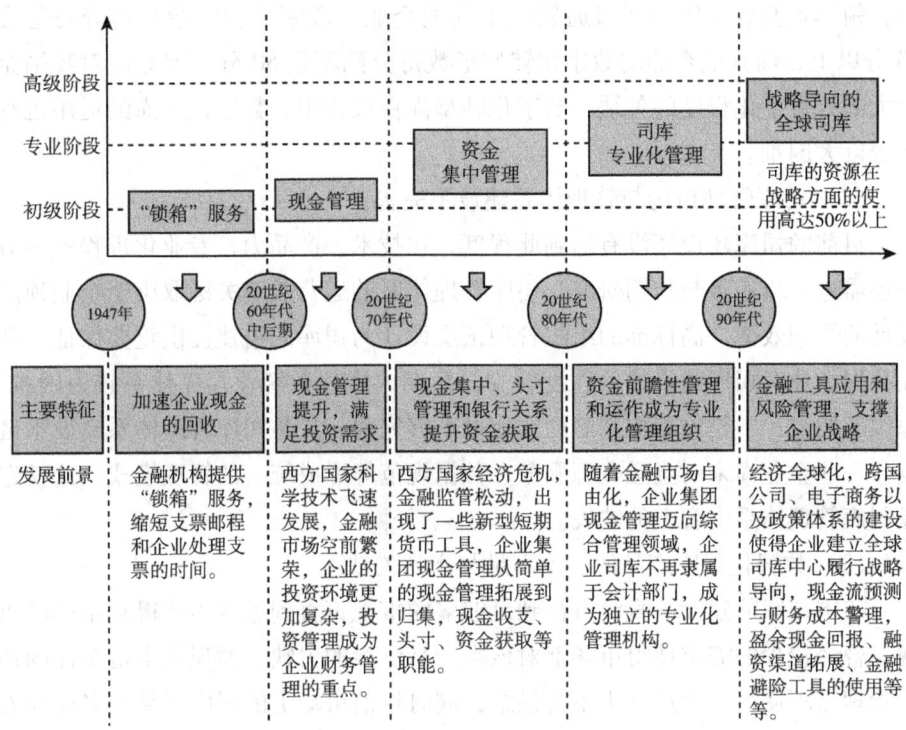

图 7-4 司库管理发展历程

成为企业数字化转型的痛点与堵点。2022 年，大多数中国企业对数字化的投入越来越小心，中国企业的数字化转型指数得分有所下降。从图 7-5 可以看

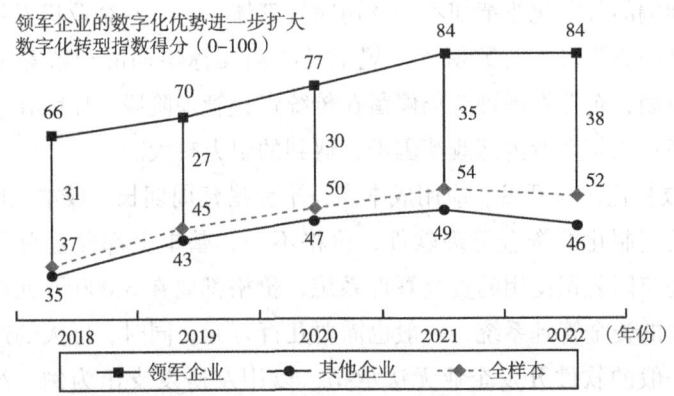

图 7-5 我国企业数字化程度分析

出，领军企业数字化程度遥遥领先于其他企业，数字化转型指数得分普遍在60分以上，而其他企业的数字化转型指数得分则不足50分。因此面对我国企业大部分数字化程度的欠缺，数字化转型尚在议程中，数智化司库的运用也存在着巨大困难。

（2）司库管理市场与管理体系建设不完善。

目前的司库建设还没有达到此程度，在技术、产品力、专业化进程等多方面还需进一步完善与长期研究。司库管理体系的运营效率关键取决于企业顶层设计的管理效率，高标准的组织管理顶层设计为司库的搭建提供重要保证。然而我国企业对司库建设的关注度较少，短期内搭建数智化司库体系较为困难，原因有两点：一是内部控制制度的建设不够完善；二是司库管理体系建设不健全，一些企业尚未对金融资源服务、数据规范等形成统一的管理模式，这就造成司库管理体系内容上的缺失。

（3）数智化司库产品的供给不足与产品欠缺。

我国司库的建设一直没有得到足够多的重视，直到近两年才得到企业的重视，曾经较少的需求使得市场上对该类产品供给的欠缺，而现今丰富多样的司库管理需求使得各个产品跟不上供给，同时目前市场上的司库产品大多存在着一定程度的缺陷。

（4）财务管理的信息化建设亟待加强，多数企业建设重点暂未放在司库管理层面。

我国企业虽然正在进行数字化转型，将数字化技术与司库管理体系相结合，但管理端的数字化改革却不涉及司库管理体系，一些企业仍然停留在SAP或财务共享中心阶段，对数据统一规范及战略支撑层面的理解等没有过多介入。究其原因，企业发展理念仍停留在传统资金管理阶段，原因在于：一是经济代价过高；二是企业内部改革困难，遇到的阻力较大。

（5）数智化司库开发、应用成本高，平台搭建周期长、成本回收周期长。

传统的定制化的资金管理软件，价格不一，基本上都要上百万、上千万元。如果是跨国公司使用的资金管理系统，价格都要在3 000万元以上。对于国内大企业的资金管理系统，一般也需要几百万元。同时，巨大的产品研发支出也使得一般的软件开发企业无法承担，以用友研发支出为例，2018～2022年，用友研发支出一直处于较高的水平。一方面是软件开发商研发的困难，另一方面是众多中小型企业无法负担高昂的购买价款与维护费用。与此同时，司库构建的体系周期比较长，需要企业做好长期改革的准备，对企业内部控制及财务管理体系作出根本性的变革，无法在短时间内迅速取得成效，所以众多企业再权衡考虑后会选择运用企业传统的财务管理方式，放弃司库体系的建设及智能司库的运用；加之漫长的成本回收期，可能会让企业陷入现金流短缺的窘境，因此更使大多数企业望而却步（见图7-6）。

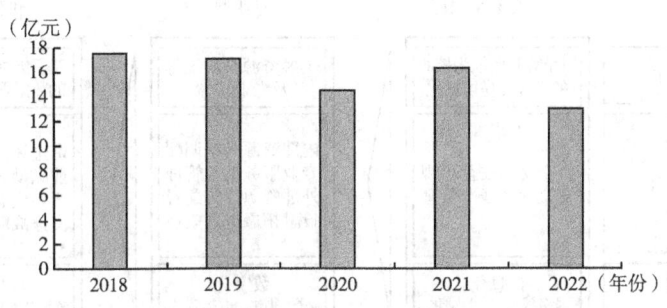

图7-6　2018~2022用友研发支出柱状图

（6）数智化司库开发人才及应用人员的欠缺。

我国司库建设起步晚，发展较慢，因此国内在开发数字化司库方面的人才比较欠缺。目前国内现有的司库技术都是模仿改造国外的技术，国内尚未形成自己的技术开发系统，对司库开发技术相关方面的人才培养也比较少，因而在面对较旺盛的需求端时，我国智能化司库技术层面明显跟不上时代发展要求。同时，随着数智化司库的发展，企业传统的财务人员已经无法适应企业的发展，集团财务工作也发生着巨大变革，不再满足普通的机械的、流水线式的工作，如核算、编制报表等，现在的企业需要的是对财务数据背后的信息进行发掘和分析，这也就需要传统的财务人员适应数智化司库软计算的使用，因而对于财务人员在技术上的能力有了更高的要求。

三、动因分析和实施路径

（一）简介

1. 司库体系介绍

司库体系是企业集团依靠财务中心部（核心），资金中心或财务公司、境外资金管理（平台），成员企业+共享中心（业务运营），使用现代网络信息技术手段来达到资金集中和信息集中，提升组织力和管控执行力。同时，司库管理实现了对传统资金管理的超越和创新，管理对象扩大至包含资金在内的企业各类金融资源，管理方式也不只局限于传统的账户管理和资金集中，变得更加强调资源管理、风险防控，追求专业化管理和价值最大化（见图7-7）。

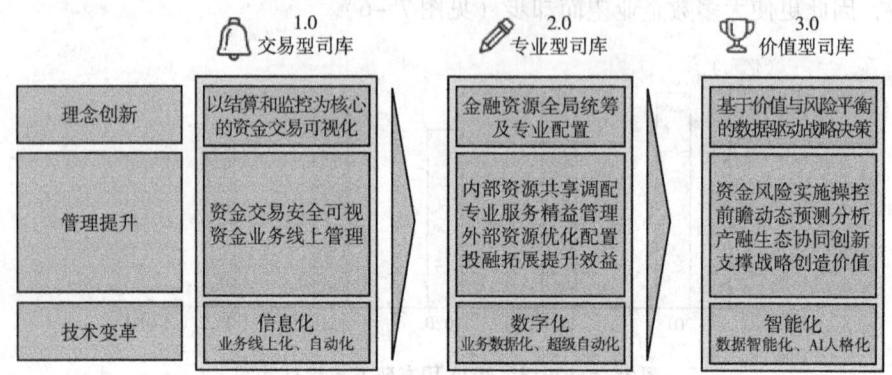

图7-7 企业司库管理发展阶段

2. 用友BIP全球司库简介

YonBIP在财务领域、人力领域、协同领域、营销领域、采购领域、制造领域、供应链领域、金融领域等八大核心领域中，为企业运营管理与产业价值链提供支撑，依靠云原生、元数据驱动、中台化和数用分离的架构设计，包含平台服务、应用服务、业务服务与数据服务等形态，将工具、能力和资源服务结合在一起，使企业获得更高的经营绩效、更强的竞争优势以及更可持续的发展。该应用以技术创新驱动数字化商业的变革，以创新融合构建蓬勃商业生态，提供服务企业与产业商业创新的平台，企业充分利用数智技术转型升级为数智企业。用友YonBIP的目标客群覆盖了巨型企业、大型企业和成长型企业，针对不同客群推出标准版、专业版、旗舰版。用友BIP全球司库专注于资金和信息的集中管理，并在数字化能力构建方面发挥支撑作用。用友BIP全球司库奉行服务、风险监控和价值创造的战略，将数据湖、数据工厂、智能分析、机器人流程自动化、虚拟个人助理、智能识别、机器学习等数字智能技术广泛用于公司资金的集中管理、高效分配和风险控制，可以实现全球资金可视性、高效资源配置、高度的业务协作、战略决策支持和智能风险管控等司库数字现代化能力。

（二）研发动因

1. 国家政策

2022年，国务院国资委连续发布两份文件提出要全面推进司库管理体系

（1）智能结单：票据结算工作台。

集合更多业务单据和业务能力到工作台上，通过智能化工具，自动拉单，自动合并，自动结算，自动支付，提高工作效率，如小额支付完全可以自动化。将数字员工应用在收支结算的过程中，接收到待付单据后，通过审核机器人、配票机器人、风控机器人等进行智能审核、智能疑重、智能支付、智能生单等操作，再到指令工作台，最终进行银行处理，从而来减轻人工的工作量。当收到银行明细后，发布机器人、认领机器人、生单机器人会发布到账通知，发布或认领收付单据，将凭证录入核算系统，最终达到"免出纳"。智能排期，对前面业财合一的过程的排期做得更加精准，对资金预测更加准确，提高资金管控的效率。对全过程进行检查，对前后业务贯通的监测，更好控制资金结算的风险，将每天资金结算的状态和结果自动化地形成数据报告。

（2）电子回单：回单云——数智回单归档师。

电子回单实现自动化归档。进行自动下载、自动识别校验，确保回单明细全、数量全，自动辨识，为后续的对账、关联、生单、大额资金用途分类提供业务线索和数据标签。自动关联，实现收付款回单关联单据、凭证、可与应收、应付、资金调度、结算中心、商业汇票、总账凭证等进行关联。自动对账，对账完成生成银行余额调节表。关联归档后可实现自动打印回单带凭证，打印回单带明细＋凭证，对接电子档案系统可实现自动归档。

（3）票据管理。

一键办理屏蔽银行差异，自动组合交易，进行开票申请、开票保证、提示承兑、承兑保证，最终形成开票结果。实行自动识别黑白名单功能，实现风险控制。新票和老票业务全线上化、全过程全业务千笔批量，秒级响应（见图7-11）。

图 7-11　票据业务全流程管理

财务、人力、供应链等领域构建更精细多维、弹性扩展的业务场景。

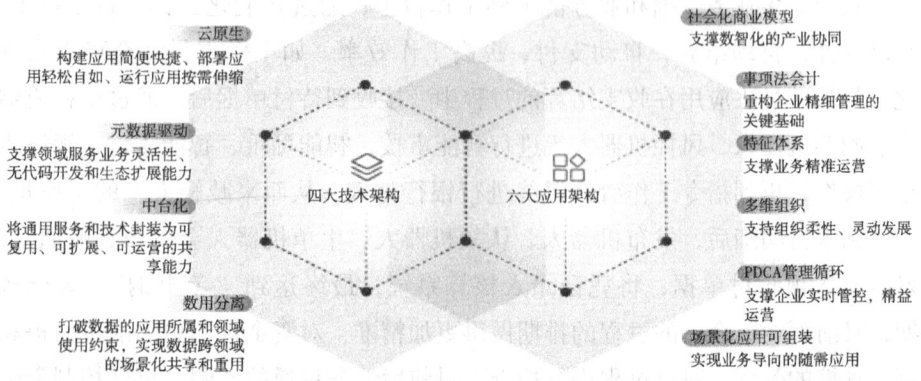

图7-9 用友BIP全球司库应用概念图

(二)运作流程

1. 操作者运作

用友数智化司库的构建思路如图7-10所示。

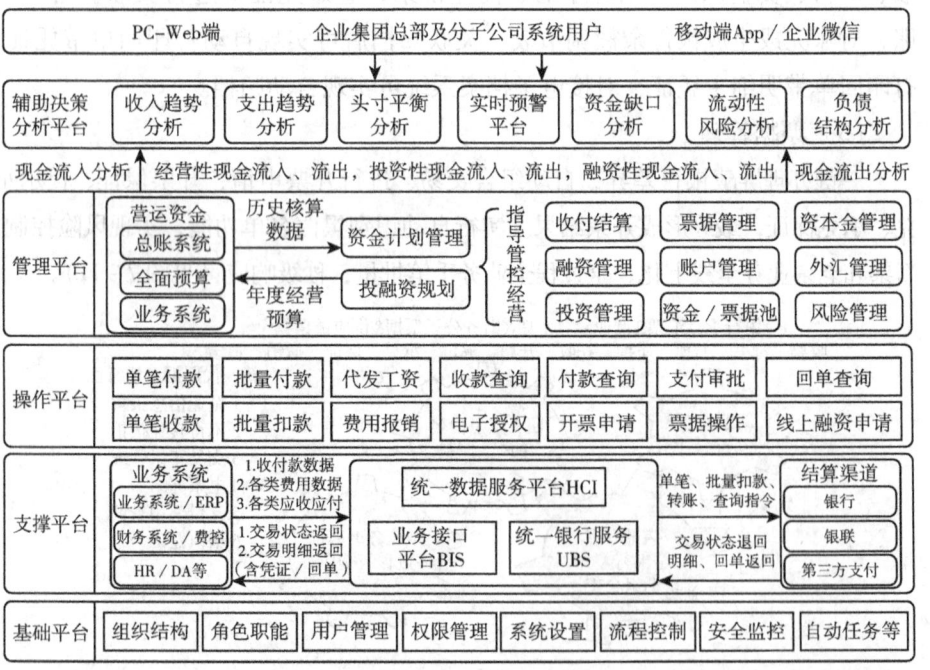

图7-10 数智化司库构建思路

127

（三）用友 BIP 运行模式

YonBIP 包含云平台、供应链云、协同云、财务云、人力云、营销云、制造云采购云、八大部分，各部分协同配合，通过一站式运营为企业提供"一站式"服务，打造了平台完整的生态链（见图 7-8）。

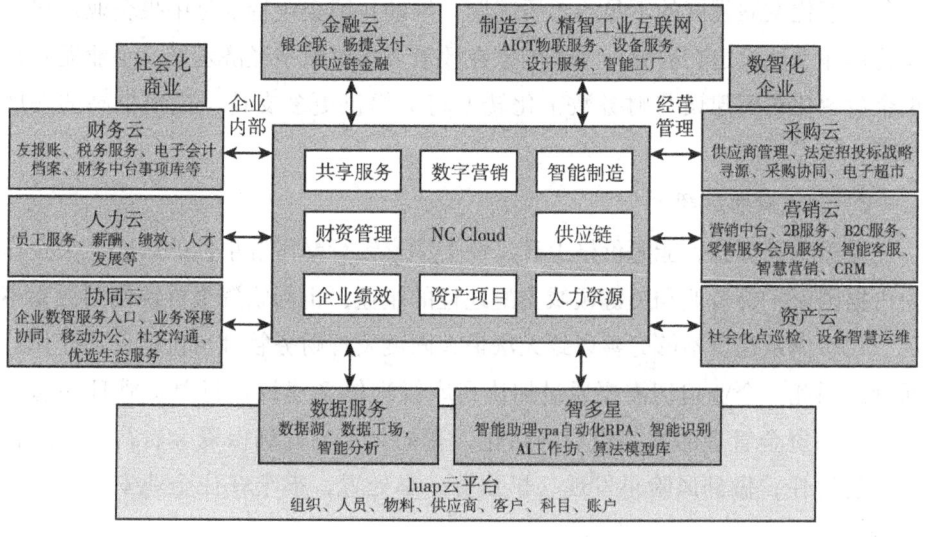

图 7-8　用友 BIP 运行模式

四、基于数智化司库的理论基础

（一）BIP 应用概念

用友基于多年服务企业数智化的理解和经验，融合了平台工具、能力和多种服务形式的融合服务群，开发了用友 BIP 商业创新平台，来推动企业建成数智化企业和更好地进行商业创新，为企业提供了数智化转型的技术工具和方法论，来指导企业进行数字化转型，研究设计企业的转型路径，规避转型中可能出现的问题，构建新的竞争优势，对企业而言具有多方面的意义和价值（见图 7-9）。

该应用使用云原生、元数据驱动、中台化、数用分离这四大技术架构，将各种数智化技术与创新需求融合，让商业创新更便捷；同时基于社会化商业、事项法会计、特征体系、多维组织等应用架构，支持社会级数字化建模，支撑建设、加快建设世界一流财务管理体系，全面提升财务管理精益化、集约化、智能化水平；同年 7 月国资委召开中央企业司库体系建设现场推进会，进一步表现出国家对促进企业开展财务数智化转型、推进企业司库建设给予了高度关注。党中央、国务院高度重视数字经济，无论是民企还是央企都将面临规模扩张需求与资金资源管理效率、质量不足的矛盾问题和国资委数字化监管与企业财务数字化发展程度的不足的矛盾问题，推动我国企业特别是中央企业加快司库管理体系建设迫在眉睫，未来国家在政策方面对数字经济发展、企业尤其是央企数智化司库建设与财务数字化转型将会提供更多支持、提出更高的发展要求。

2. 企业发展趋势

受美联储加息、能源价格上升、欧美多家银行暴雷等事件的影响，央企作为占据国家主要行业和关键领域支配地位的企业，也面临资金资源使用效率不足、司库体系建设不够完善以致无法最大限度发挥财务管理与价值创造作用等问题。因此，企业迫切需要通过加快司库管理体系建设进行财资管理转型升级，提高资金管理的数字化、网络化、智能化水平，确保资金看得见、用得好、管得住，做到风险早发现、早预警、早处置，牢牢守住企业安全发展的底线。

3. 用友创新发展

随着大数据、云计算物联网、区块链等新一代技术的应用推广，企业资金管理逐步走向智能，成为企业集团财务数智化司库体系建设的重要组成部分。用友自成立以来致力于探索信息技术与企业管理的融合发展，从电算化、信息化到数智化，顺应数字经济发展趋势，勇于突破财务记录、核算等传统职能，积极探索智能财务发展，深入探索新时代下财务关于价值创造等对企业发展、转型升级联系更为密切的发展可能，以全球领先技术为我国企业带来多样化财务创新服务。

针对新形势，用友深入研究大数据、人工智能等新技术、探索其与数智化财务转型发展间的联系，着手研发用友 BIP 全球司库，为企业搭建司库管理体系、实现财务数字化转型发展提供有力的支持。迈向以数据化赋能开启平台化服务的 3.0 阶段，司库将从管理制度、组织架构到技术革新进行全面升级，向企业提供给更具行业特征、更加灵活创新的财务服务与世界一流数智化司库管理体系搭建服务，助力企业走向国际、实现全球化布局。

125

案例7 智能化司库赋能大型企业财务管理数字化转型升级

2. 运营者运作

(1) 资金预测。

灵活搭建预测模型,自动抽取业务相关数据,实时预测未来现金流状况,集团依据预测分析,平滑资金流动性,在保障经营周转基础上,科学配置资金用途,提升资金价值。通过建立指标库,对指标数据进行管理,建立多维预测模型,进行期初余额管理,最后进行模型预测分析,实现资金预测(见图7-12)。

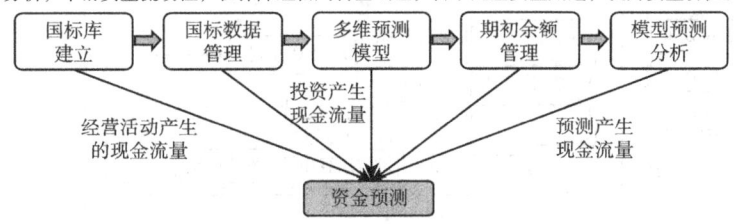

图7-12 预置流动性管理模型

(2) 资金计划。

将业务系统中的计划归到财务共享系统形成应收应付计划,进入司库系统平台,进行计划编制、计划汇总、计划审批,审批通过后更新计划状态,最后是头寸准备。开始执行后,将业务系统的应收应付数据高效利用起来,确认审批收付款数据等,进行计划控制,完成资金类业务工作,确认审批后进行核算处理。从业务端发起,到财务共享系统,再到司库管理平台,最后到核算系统,规划了全系统全过程的业务(见图7-13)。

(3) 融资筹划。

企业在做资金筹划和运作过程中,涉及筹、融、用、管、还、评六大环节。在融资筹划阶段,根据选择融资工具的期限、规模及成本衡量等进一步设计融资计划,做好融资方案并执行。签订融资协议,合同放款到还本付息过程中,会进行还款预测与预警,融资流程管控资金分析,然后进行资金分析,实时性现金流预测,提前预警资金流动性情况,防控信用风险。利用数智化技术对融资全过程后评价、安全、收益评价;改进融资管理过程,融资与预算匹配度,融资价值创造评价(见图7-14)。

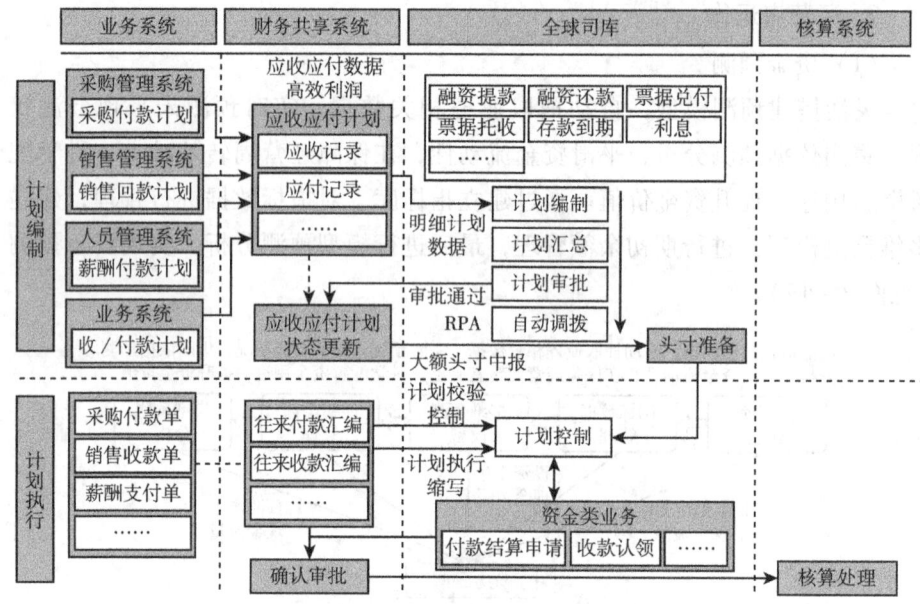

图 7-13 业财合一管理协同

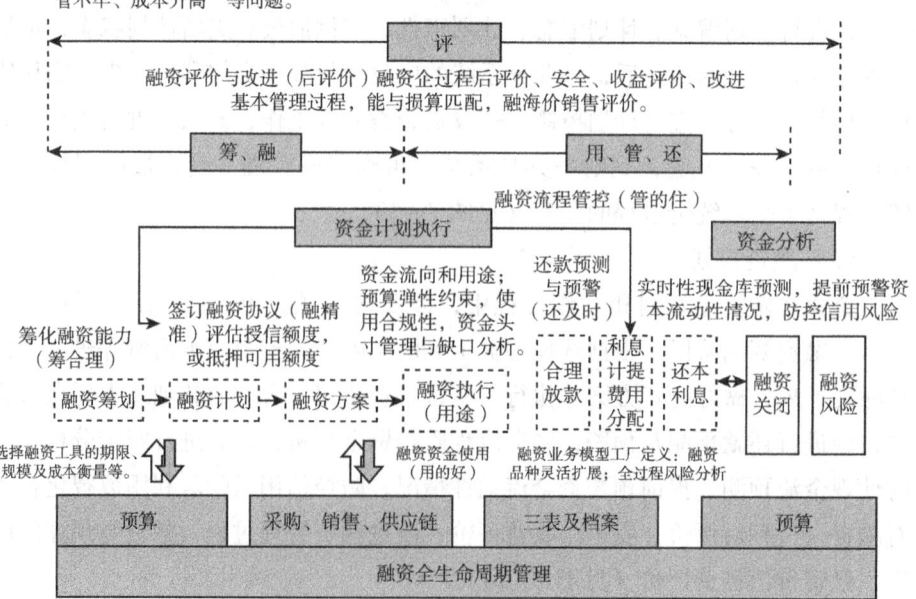

图 7-14 数智化技术赋能融资筹划

3. 决策者运作

（1）流动性分析预测模型。

收集业务数据进平台，形成付款池和收款池，根据银行期初余额和指标库来进行智能预测。做好银行包括流动性风险指标的测算，发挥司库在整个付款过程中的调节作用，平衡现金流影响的压力，后续进行资金流的筹措与安排（见图 7-15）。

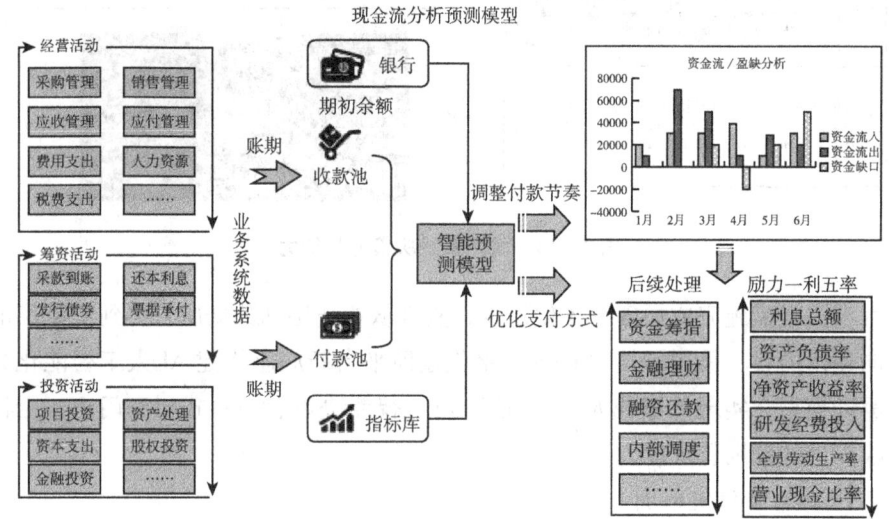

图 7-15 流动性分析预测模型

（2）决策分析——司库系统决策分析能力。

在司库决策分析平台里含有 8 大主题的 358 项指标和风险监控指标 30+ 项。根据指标并利用技术，形成每天的账户结构、存量资金分析、账户分析结算量分析、融资授信分析、担保分析、票据分析、风险分析、应收账款分析，让金融资源"看得见，管得住，调得动，用得好"，从而做出科学决策（见图 7-16）。

（三）迭代更新后优势

用友的司库体系建设从集中化管理的 1.0 时代，到专业化运营的 2.0 时代，再到现在以数据化赋能开启平台化服务的 3.0 时代，基于新的流程和数据驱动的设计理念，全面提升金融资源配置和量化风险管理的能力，推动传统资金管理向金融资源运作的价值创造转变，深化业财融合，形成产融协同。采用

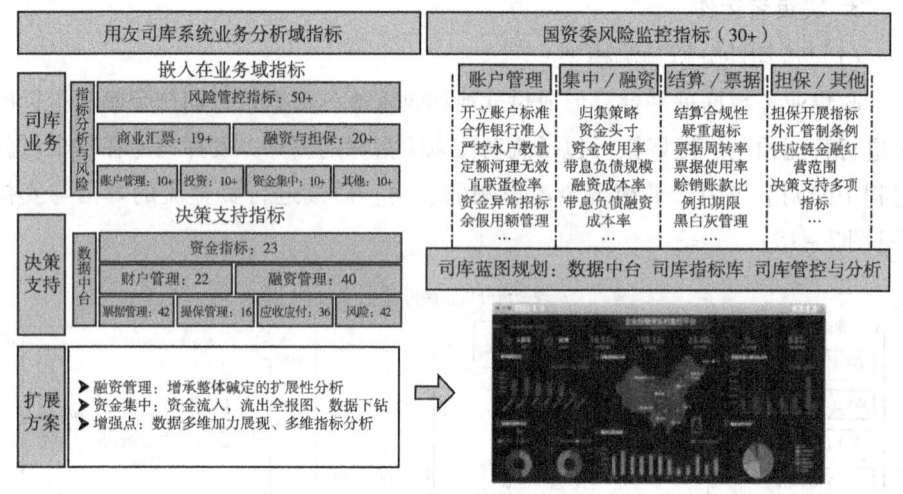

图 7-16　司库系统决策分析能力

了六项关键措施完成司库一体化建设，实现从业务层到数据层、再到决策层的纵向建设内容，采用新技术 iuap 数字化建模平台新底座构建 AI 人工智能化数据驱动模型，实现"事找人"、智能分析、智能决策、一站式司库门户、全栈风险管理的辅助管理能力。

1. 中台化结算能力

能够稳定地应用在多种业务情况中，从业务到结算的整个过程，减少劳动力成本，提高业务处理的能力和效率，贯穿渗透监测过程，达到安全合规的效果。

2. 多维洞察分析

可以完成对资金主体，货币种类，开户银行的查询；具体的日期和时间，资金形式，费用种类；对项目、期限等多个方面的数据进行综合即时分析。

3. 全球交易保障

其具有多种货币，多种语言，多种数据格式；多时区，多法律体系，国际化银企渠道，为公司在国际资本运作和经营中发挥着重要的支持作用。

五、成效分析——以实际企业使用为例

（一）企业简介

该集团是国务院 120 家大型试点企业集团之一，于 1996 年组建，实际控

制人为安徽省国有资产监督管理委员会。旗下拥有两家上市公司,且间接参股多家水泥公司,拥有超过300家控股、全资子公司及参股子公司,主要分布在华东、华南以及中西部的二十余个省区市,营业收入、总资产均超2 000亿元人民币,其利润、主营业务收入等主要经济指标连续多年保持在建材行业领先水平。

(二) 建设成果

(1) 风险管理。

实现全级次、全流程资金计划管理,资金计划智能分析,提高集团对成员单位资金的统筹规划和监控能力;审批额度自动管控成员单位付款,有效防控付款风险。

(2) 资源调配管理。

聚票成池,有效配置票据资源:该体系提高资金收付效率,减少开票保证金,解决了大型水泥集团应收、应付票据双高的问题。该大型水泥集团有效减少开票保证金约50亿元/年,节约开票手续费约1 500万元/年(见图7-17)。

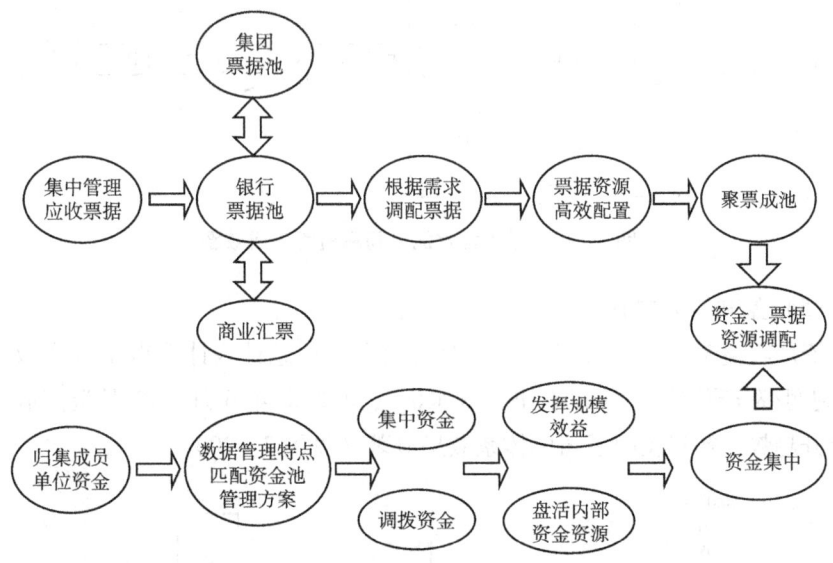

图7-17 资源调配管理逻辑链

(3) 现金流管理。

资金线上运营管理,盘活集团资金:司库体系通过资金线上运营管理,盘活集团资金，增加公司现金流。选取公司现金流（TTM）指标，发现该公司现金流有增加趋势（见图7-18）。

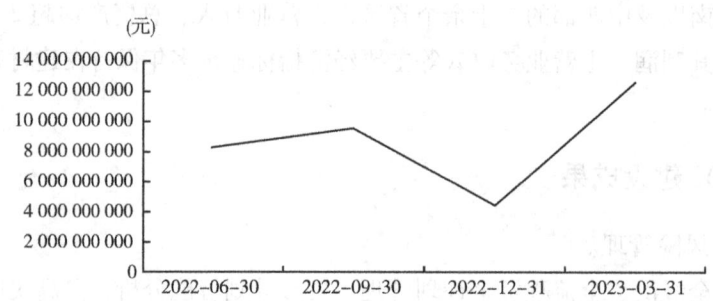

图7-18　某大型水泥公司2022年6月~2023年3月公司现金流

（4）融资管理。

司库管理系统与财务会计同一平台内无缝对接，与12家银行实现银企直联，与8家银行实现电票直联（见图7-19）。

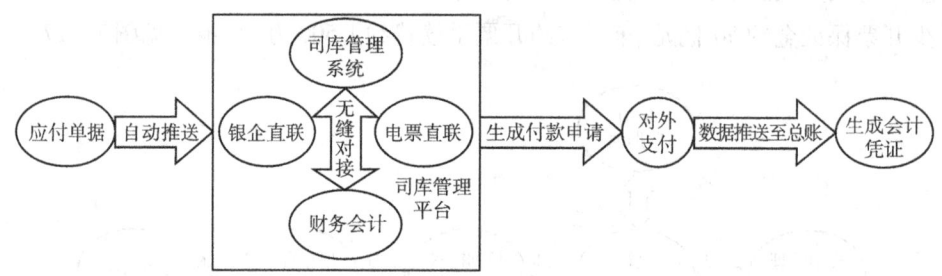

图7-19　某大型水泥公司融资管理成效图

（5）盈利能力提升。

资产收益率：本文根据该公司净利润和资产总计，计算得出资产收益率（净利润/资产总计），可以看出，该水泥公司2022年6月~12月资产收益率有上升趋势，初步反映了司库体系效果显著（见图7-20）。

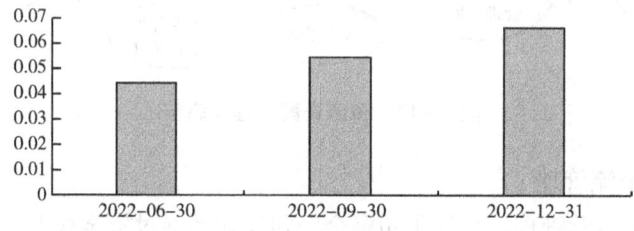

图7-20　某大型水泥公司2022年6月~12月资产收益率

资本收益率：本文根据该公司净利润和所有者权益合计，计算得出资本收益率（净利润/所有者权益合计）。该水泥公司2022年6月~12月资产收益率有上升趋势（见图7-21）。

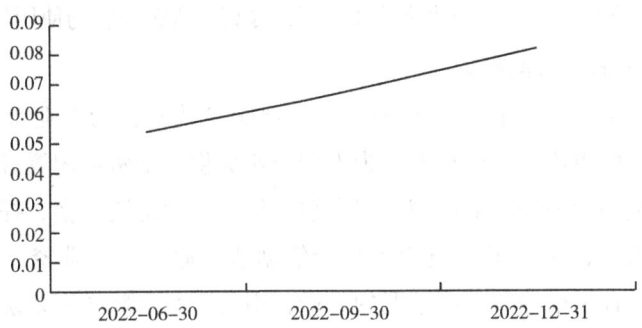

图7-21　某大型水泥公司2022年6月~12月资本收益率

六、案例启示和推广价值

（一）案例启示

1. 资金资源实现集中管理

用友BIP全球司库的技术与搭建的平台提高了资金计划的实用性，通过事前筹划、事中控制、事后分析，使其成为大型企业提高经营效率、增强资金管理的有力工具，并通过与支付的联动，实现以资金计划严格限制实际支付，增强了资金计划作用。经过司库系统对历史数据、实际填报的计划等因素的结合分析，企业成功制定更符合现状、更有效的全集团资金计划，解决了传统资金计划可执行性低、与实际脱节等问题；在计划执行过程中各子公司可通过司库系统对资金计划进行灵活调整，同时在受计划严格限制前提下对实际支付更谨慎，进一步提高了资金计划的灵活度、可行性与有效性；集团总部可以实时或定时通过司库系统了解资金计划的执行情况并得到相关分析报告，实现集团对各子公司情况的有效把控，提高发现问题、找出问题的精准度和解决问题的速度，避免预算不合理、超支等问题的出现。

用友BIP全球司库的有力支持推动大型企业票据池等平台的建立，解决了资源分散、难以管理等问题，实现全集团资源统筹管理、提高了企业经营效率。以票据池为例，大型企业通过建立票据池，整合全集团票据资源，并对票据资源实施线上管理、实时监控、风险预警等精细化管理,通过统筹、整合有效解决大型企业票据种类多、票据期限不一等传统问题,将其转化为可观的资源、发挥规模效应,帮助企业根据实际情况把握时机实现资源价值最大化,减少外部融资求、降低财务成本,推动了企业流动性管理,提高了资源周转与使用效率。

2. 提出投融资方案建议

用友 BIP 全球司库利用大数据、人工智能等技术,为企业提出投融资方案、助力管理层决策水平的提升,为大型企业提供资金资源闲置等问题的解决方案,为后续经营期间可能出现的资金缺口作出合理融资方案,提升了企业整体财务管理水平,实现了价值管理与价值创造。通过对企业资金、资源的整合、汇总,结合对市场等外部情况的分析,用友 BIP 全球司库系统可以为企业提出相应的投资方案,解决问题的同时盘活企业资金、实现价值创造,提高资源使用效率;通过用友 BIP 全球司库系统对企业历史数据以及对应外部历史数据的汇总与测算,结合当前内外部数据,为企业提出精确到月的短期融资方案,为大型企业解决资金缺口问题提出更多解决方案。

3. 风险管控与防范

大型企业在用友 BIP 全球司库帮助下,通过在司库平台中搭建风险预警系统,可以有效实现资金风险的全方位预警以及对违规操作更精准地识别与拦截,同时根据系统以企业财报等数据为基础生成的各式分析报告,企业对现状以及未来风险防范以及内部控制体系的优化也有更明晰的方向。企业目前存在以及未来可预见的风险经过预警系统的处理,成功将风险从一种模糊、不确定、难以察觉的状态进行更精确的量化与可视化,为大型企业提供了有针对性的管控、防范风险的解决方案;实时监测的预警机制为企业赢得了更多反应与缓冲时间,为企业应对多变市场环境提供有力支撑。

4. 业财融合

用友 BIP 全球司库构建的数智化司库管理系统突破了传统账户管理模式,打通、整合各业务模块数据并进行校验与深度联通,实现全流程的数字化管理和控制,推动了大型企业业财融合的实现。在用友 BIP 全球司库辅助下,大型企业打通连接企业财务系统与商业银行的业务系统,实现银企直联,提高了企业账户管理能力和结算效率,实现了资金与信息的同步;数智化司库管理提高了大型企业一体化管理水平,打破企业内部传统信息壁垒,解决了大型企业业务繁琐、工作重复性高且效率低下的问题,能够更加精细地管理企业的成本和资金流动。

5. 企业内部统一管理加强

用友 BIP 全球司库助力大型企业搭建的以集团总部为中心的统一标准化司库管理平台，在不影响各子公司财务、运营的前提下实现了各方协调性的提升，有效改善了集团总部与各子公司间的"信息孤岛"问题，集团总部对于各子公司的情况把控更为精确，管理能力得到明显提升。以集团总部为中心建立起的司库管理平台推动了企业的数据标准化和业务处理的规范化，集团总部通过司库系统实现对各子公司的垂直管控的同时，司库管理可与各子公司共同开展，实现了全集团的数智化转型；在用友 BIP 全球司库的帮助下，企业司库管理能力大幅提升的同时，生成的数据与分析报告的质量也明显提高，为企业开展相关决策形成了有力支持。

（二）推广价值

1. 为经营决策提供及时、准确的支持

用友 BIP 全球司库以其丰富、优秀的实践成绩，向各行业、各企业展现了智能司库在助力企业实现数字化转型、提升现代化管理能力等方面的价值。在信息技术与数字技术的加持下，智能司库对内实现资源有效管理与使用的同时，灵活对接外部信息，根据日常经营过程中能源价格、市场销量等外部变化，收集大量数据支撑模型建立，生成分析报告或做出预警，辅助信息使用者及时掌握上下游变动情况，做出准确合理的经营决策、进行相应调整，将智能司库的降本增效功能落实到企业采购、生产、销售等环节中。智能司库赋能业务，渗透至企业运营的各个环节，不仅向企业客户提供了更优质的产品与服务，提升了客户满意度与黏性，为企业实现长足发展注入动力。

2. 推动我国大型企业实现数智化财务转型

截至目前，用友 BIP 全球司库已为超过 65% 的中国 500 强企业提供财务数字化转型方案、服务以及数字化产品，与约 80% 中国的世界 500 强企业达成长期战略合作，从电算化、信息化到数智化，用友顺应数字经济发展趋势，致力于探索信息技术与企业管理的融合发展，以全球领先技术为我国企业带来多样化财务创新服务，协助烟草、制造等多行业大型企业搭建司库管理体系、提高资产管理水平，肩负着推动我国大型企业实现数智化财务转型的使命。用友勇于突破财务记录、核算等传统智能，积极探索智能财务发展，深入探索新时代下财务关于价值创造等对企业发展、转型升级联系更为密切的发展可能。如

今,用友 BIP 全球司库助力企业搭建一流的、有效实现价值创造与降本增效的司库管理体系,积极响应国家推进企业数字化发展、提高现代管理能力的号召,为传统财务的转型、国家战略政策的实施落实给予了有力支持。

3. 构建世界一流财务体系

用友将响应国务院国资委号召,继续助力大型企业适应国资监管数字化的要求,以司库管理体系建设作为财务数智化转型的重点,继续深入研究大数据、人工智能等新技术与数智化财务转型发展间的联系,进一步增强助力大型企业搭建司库平台、系统的能力,为大型企业提供更有价值的决策信息、实现价值创造,以更优质、更高效的司库管理体系提高企业现代化管理能力,增强企业核心竞争力。

目前用友已拥有足以支持大型企业走向全球化、布局全球的 BIP 全球司库产品以及服务,未来用友将深入探索企业全球化进程中的数智化服务场景,以更优质的财务数字化服务助力我国大型企业迎接国际环境挑战与面临的不确定风险,以助力世界一流司库搭建、构建世界一流财务体系的方式守护企业实现长足发展、走向顶峰。

参考文献

[1] 谷晟. 让企业财资看得清、管得透 [J]. 企业管理,2022,(06):6-9.

[2] 用友全球司库. 每年节省资金 50 亿!大型水泥集团如何通过司库建设管理好票据,盘活资金?[EB/OL]. 2023.

[3] 用友全球司库. 大型水利投资集团,打造数智财资管理新范式 [EB/OL]. 2023.

[4] 知乎. 大国重器:用友 BIP [EB/OL]. 2022.

[5] 用友全球司库. 一流财务管理体系发展新路径、新思路、新模式 [EB/OL]. 2023.

[6] 用友全球司库. 用友 BIP 全球司库,高效打造企业资金"聚宝盆"![EB/OL]. 2023.

[7] 用友全球司库. 国资委检查再升级,拥有全球司库敏捷响应 [EB/OL]. 2023.

[8] 用友全球司库. 精彩回顾 | 一流财务管理体系发展新路径、新思路、新模式 [EB/OL]. 2023.

[9] 用友全球司库. 从"管资金"到"管资本",用友全球司库助力国资国企高质量发展 [EB/OL]. 2023.

[10] 亓坤. 用友 BIP 助力企业构建世界一流司库体系 [J]. 新理财,2022,(06):56-57.

[11] 拜特科技. 司库最佳实践之路——上海电气集团司库管理 [EB/OL]. 2021.

案例8　财务共享背景下如何优化公司财务体系建设

——以中国节能为例①

摘　要：在我国经济发展的高质量时期，企业作为微观层面的经济发展动力和创造价值的主体，其财务转型和发展起着举足轻重的作用。财务共享平台历经几十年发展，现如今，其共享中心架构已趋向成熟，而数字化时代的来临，则是为财务共享中心提供了有利的技术环境支持；然而，在业财融合一体化的大趋势下，企业仍旧存在财务和业务融合度不够等种种问题，如何在财务共享背景下，完善财务共享与其他财务平台协作机制，实现数字化转型，以优化财务体系，从而促进企业的业财融合，成为了本次案例研究的重点。

本文根据财务共享服务中心等相关理论，结合中国节能的财务共享平台与资金管理平台协作的例子，着重探讨了中节能所打造的财资管理体系的内部运行机制，以及对中节能财务绩效上的影响。研究发现，新重构的财资管理体系可以完善企业内部的资金管理，充分发挥信息资产的价值支持组织的管理决策，以及帮助集团公司建立绿色信贷体系，支持绿色金融体系的相融合，从而促进了企业的业财一体化，而且对中国节能的财务绩效产生积极影响。本文也分析了目前该财务体系可能存在的一些问题，并提出了一些解决措施，为其他企业就如何更好地实现财务数字化转型和业财融合提供了有益的参考。

关键词：财务共享；财务转型；财务绩效

---

① 团队成员：潘森垚、麦棠然、蔡滢楹、江衍乐、邓雅雯、李雨霏
　指导老师：陈建林、罗勇根

一、引言

在"十三五"规划实行过程中,我国继续深化数字经济发展战略,加强数字基础建设,加快培育新的商业模式,促进企业财务数智化转型升级,带动企业财务数智化转型升级。如今进入"十四五"时期,我国经济处于高质量发展阶段,构建以国内大循环为主、国内国际双循环互补的新发展模式,推动数字经济和实体经济的深度融合。

在双循环的背景之下,随着全球经济的不确定因素增加,行业竞争日益加剧,企业也面临规模化、国际化等多形式的挑战,数字化转型升级的需求越来越迫切。

财务共享服务、业财融合、智能财务始终是企业数智化领域的热点问题(孔维伟,李家艺,2022[1]),而从目前研究的广度和深度上看,国内已有大量文献(金莲花等,2016[2]、许汉友等,2022[3])研究了财务共享对于企业相关的影响。且大多集中于企业自建财务共享服务模式的研究(甘立涛,2021[4]、霍恩同,2021[5]),关于直接讲述企业引进相关技术以及共享平台服务实现数智化转型的研究较少,并且只有偏概念、含义、意义等方面进行宏观描述。这仍然是各个领域学者在不断实践过程中进一步探索的方向。本文的研究目的是,通过研究分析中国节能在数智化转型中,由财务共享平台和资金管理平台协作的运行机制和效果,以此探究企业财务体系的优化方案,为企业财务平台的重构和完善提出建议,完善财务共享相关话题下的理论和应用研究。

中国节能作为我国节能环保领域旗舰企业和"智库",在面对新一轮的数智化财务转型升级的挑战下,通过引进用友相关技术平台,构建规范、创新、统一的财资管理平台,适应于"大智移云物区""区块链"等技术所带来的智能财务时代,公司的内部财务结构进一步得到优化,资金管理功能等到了优化和完善。财务共享平台将数据进行整理优化,提高财务核算效能,结合资金管理平台一同支持企业经营战略决策,实现数据为企业业务发展赋能,从而真正意义上促进企业业财融合。

二、文献综述

(一) 国内研究现状

针对财务共享背景下如何优化公司财务体系建设的问题,国内学者主要进行了开发、应用与管理方面的研究。国内理论界关于财务共享的研究源于陈虎和董皓(2018)总结出的"财务共享服务是一种创新管理模式"。[6]应用研究上,陈楚天(2012)指出企业财务共享服务中心的构建思路与要点,即要对企业各项费用与资本化支出进行全流程控制,并且注意风险防范。[7]李红梅(2019)以中兴通讯和海尔为例,剖析"大智移云"时代财务与会计转型的动因,提出打造"价值创造型财务与会计"的目标。[8]张利霞等(2022)认为要从资金管理机制、财务人员与服务流程三个方面着手进行优化改善,才能理顺业务、财务、管理这三者关系。[9]丁梦雪(2021)则对中兴通讯业财融合实施及其效果进行研究,构建综合评价模型并进行分析与评价。[10]曹青青(2023)基于大数据技术,具体分析当前企业财务共享中心构建存在的问题,并提出将大数据技术引入企业财务管理,可以有效提升企业财务数据的时效性和准确率。[11]许汉友(2022)等从企业绩效层面的产出表现入手,采用 DEA-BCC 模型与 Malmquist 指数,探究财务共享智能化水平对企业绩效的影响,实证结果表明,我国企业财务共享智能化建设的投入资源配置水平较低,同时不同企业财务共享服务中心智能化建设效率具有明显差异。[3]

阅读发现,多数学者主要依据理论,通过财务共享体系在企业中的实际选择与应用,分析其带来的成效,并从中得到启示,同时为企业在这方面的建设提出建议,对于相关理论的研究较少。

(二) 国外研究现状

财务共享概念起源于 20 世纪 80 年代的美国,在概念总结上,RobertGumn 等指出共享服务是一种新的管理模式。在影响因素分析上,Mansar 认为前期应注重用户的需求,其有效实施需要通过绩效管理来实现。而 Martin 认为流程的优化与再造是企业构建财务共享的一种重要基础。Marijin 等人基于对新西兰最大的财务共享公司的运作,得出健全的信息系统和信息技术对实施共享服务的重要性评价。同时,财务共享在国外特别是全球领先的企业(美国福特公司)中较早得到应用,因此国外在财务共享建设这方面的理论与应用研究更加完善,而中国则是在近些年才逐渐接受并推广这一概念。由于国外企业对于财务共享服务的应用已经有较为丰富的经验,因而国外学者的研究主要集中在财务共享服务模式的类型和演进过程总体上的划分和概括,即偏向于理论方面的研究。

(三) 文献评述

关于财务共享的影响因素探究,关于财务共享服务有效性则主要关注成本效益、效率效益与质量效果。

但国内学者对财务共享的研究主要集中在模型和有效性等方面,对共享服务的定义与建设财务共享中面临的风险问题分析较少。同时总结发现,国内缺乏相关的实际案例与理论指导,只有少数大型集团在不同程度上尝试应用财务共享服务,多数学者只针对少数国内企业进行案例分析,很少借鉴国际经验来为中国企业提供经验。

因此,想要深入发展财务共享理论,应该深入实际,以辩证的思维总结规律、挖掘问题,以实践推动理论的深入研究。

三、理论基础

(一) 财务共享服务理论

共享的实质是企业通过共享组织内的人、财、物、信息等共有的资源,从而实现企业的有效利用,从而获得竞争优势。国外学者 Robert Gunn 等 (1993) 在当时的研究中指出共享服务是一种新的管理模式;而学者 Mooler (1997) 认为共享服务中心是一个独立的组织实体,为企业内非单一业务单位服务;[13] Barbara 和 Bergeron Bryan 等 (2001) 将共享服务视为一种商业运作的行为,是一种观念上的创新,同时也是一种促进公司发展的平台,不仅包括财务服务领域,还包括信息、人力、技术等其他领域。通过对标准化过程和战略运作的持续改善,使共享服务有助于公司取得成功。共享是一种被普遍采用的新型经营模式,可以有效地减少企业的经营成本,提高经营效率。

将财务共享模式应用在现代企业发展过程中具有重要的意义。在财务共享模式下,可以使公司的数据信息得到规范化的处理,同时还可以使公司内部的数据信息得到更高程度的分享,从而为公司的经营决策提供更多的科学依据。

采用财务共享模式,可以推动公司财务管理方式的革新和升级,在财务共享模式下,可以将分散的财务人力资源整合起来,并形成一套制度来规范员工的行为,再通过对财务岗位功能的细化,来提高公司的财务管理能力,还可以提高财务核算的质量。

综上所述,财务共享服务这种管理模式可以通过整合各个部门之间的任务、资源和信息,在智能技术的基础上,进一步深化与会计领域的整合,以节约成本,提高效率,在大数据时代下有利于重构企业的管理模式,促进企业发展。

(二) 财务共享服务中心理论

财务共享中心是以系统理论为基础,通过信息系统向公司内外提供信息服务的一种管理方式,通过一个统一的流程,把各大公司的业务、财务信息通过一个统一的过程集中、高效、及时地利用先进的计算机技术处理业务。

国外学者 Bryan Bergeron 从历史,经济,技术和客户的角度提供了共享服务的基础,展示了共享服务如何影响公司的长期和短期底线,他认为共享服务计划共享服务是一种"内部外包"形式,使公司能够通过在公司内部创建一个单独的实体来执行特定的内部服务来实现规模经济,如工资单、应付账款、差旅和费用处理等,利于高级管理人员跟上进度,以便他们做出正确的决策。[6]共享服务是按照市场化的标准为客户提供的专业化、有偿的服务。而技术发展可以将原本分散在各个地区的、企业中每个子单元都具备的重复性的组织结构和业务集中起来,使共享服务成为可能。

(三) 业财融合理论

当下,业财融合是一个崭新的概念,它对企业的内部经营和优化管理起到了重要的引导作用。国内学者刘嘉宏(2016)在《企业财务管理中的业财融合问题探析》中提出,业财融合是财务人员将企业资源根据业务运作和财务价值管理理念重新进行有效配置的过程。[16]郭永清(2017)在研究中提到,业财融合是指企业中财务和业务为了共同的经营管理目标、价值目标而进行的战略规划、管理控制、经营决策和绩效评价,并通过一定的信息化工具实现业务流、资金流、信息流等数据源的及时共享[17]。龚衍(2017)在《业财融合在财务管理中的运用》中提出,业财融合为了让企业在激烈的市场竞争中获得有利地位,把业务部门和财务部门进行有机结合,由此对实际经营情况进行精确的分析评估,对经营管理进行精准的预测预警,推动业务的全面发展[18]。

要确保财务工作的科学化,必须从"业财融合"的角度出发,深刻地分析目前企业在工作中存在的问题,包括思想、制度、整体评估等。其次,要坚持"业财融合"的理念,强化财务工作体系、沟通平台等,确保业务和财务的深度整合,提升企业整体实力。

(四) 流程再造理论

企业的流程再造理论,是由美国的经济学家 Hammer、Champy 等(1990)提出的概念,通过对企业业务流程做出的不断完善,从而建立出客户期望最大的企业业务流程模型,这就是流程再造的基本。[19]业务流程重塑性即突破公司原来的业务模式,建立针对各个部门加以划分的流程化的模式,并在整体上实施企业控制,寻求公司的最优性。

四、中国节能财资管理系统运行机制与运行现状

(一) 中国节能案例简介

中国节能环保集团有限公司(以下简称"中国节能"),现为唯一一家主业为节能减排、环境保护的中央企业。目前已拥有下属企业700多家,7家上市公司,在国内各省区市及境外110多个国家和地区开展业务,形成了"3+3+1"的产业格局(见图8-1)。

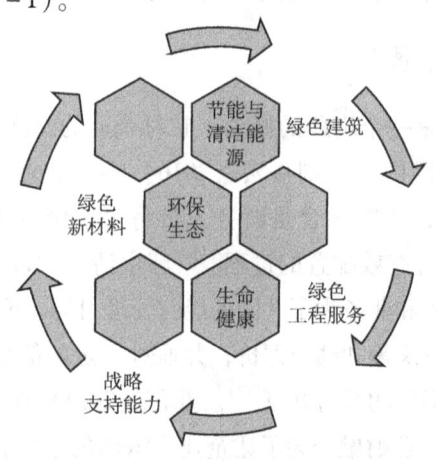

图 8-1 公司产业格局

资料来源:由公司官网资料整理而得。

中国节能在整个产业链具有独特优势，包括研发、咨询、投融资、规划等服务，而且中节能的环保业务覆盖面广，其中包括大部分节能和环保的各个细分市场，是我国节能环保领域综合实力较强、规模最大的企业。

同时，中节能也是用友商业创新平台 YonBIP 的大客户，中节能携手用友，一同朝着"围绕用户链、重构业务链、汇聚数据链、协同生态链、赋能智慧链、激活创新链"的六链协同的方向发展，在互联网时代数字化技术快速发展的情境下，引入资金管理系统，对内赋能业务，对外创新发展。

此外，中节能系统内唯一的持牌金融机构——中节能财务公司还依托财资管理系统，不断深化管理经营模式的改革创新，优化集团内部绿色信贷评价体系，集中优势为集团内部重大项目提供金融保障，打造业内首家绿色财务公司。

（二）中国节能选择构建财资管理平台的原因分析

2018 年 5 月，中国节能环保集团有限公司与用友网络科技股份有限公司中央本部成功签约了升迁合同，金额达 600 多万元，其主要签约内容包括原有 NCV5.5 产品整体升级到 NCV6.5，以及新购了资金管理平台模块服务，完善财务共享平台和其他财务平台之间的协作，支撑搭建公司内部财务体系。

1. 中节能原有财务模式下存在的问题

中国节能原有的财务模式仍处于初级阶段中的财务工具的简单使用和简单的集团内部财务共享，并没有形成一个整体相互关联的财务系统，财务数据分散且流动性较差，对财务数据的深入分析过少，这对企业经营战略的制定及企业发现自身隐藏的财务状况问题产生了巨大的阻碍。

在大数据时代下，数字化技术更新迭代速度加快，而企业要处理财务数据也越来越多，集团公司更新财务模式，完善财务系统的建设，并在原来基础上拓宽财务共享平台与其他财务平台的协作机制可以说是大势所趋。一方面，传统"后处理"的财务模式由于不能满足前端快速响应的要求，存在财务与业务的滞后性，因而面临着变革，企业需要实现从数据共享和数据分析等多个维度进行财务数字化转型，改善财务和业务的协同性以满足业务发展的需求。另一方面，以往中节能财务体系内部平台间的相互协作不够，数据深入挖掘度不够，而业财融合趋势下企业需要优化财务决策方案，以财务赋能业务发展，只有这样才能促进财务与业务的深度融合，以适应快速变化的市场。

以往中国节能的业务和财务是各自独立的。财务核算没有深入到业务中。

财务人员的工作主要集中在不断重复地核算上,而大多数业务人员没有清晰的财务理论,这就导致了财务工作与业务工作的脱节。相关的研究表明,财务共享服务发展已经进入了新的发展阶段,业财大融合是时代的趋势。

2. 中节能购买财务平台的优势

对市场上的大多数企业来说,企业建立财务平台的方式主要有两种:一是企业依靠自身能力研究开发财务平台,主要的代表有:福特、中兴、华为等企业;二是通过购买服务来实现财务平台功能,如五粮液集团、茅台集团。而购买服务又主要分为两种,分别是购买财务服务平台与财务外包,本案例中的中国节能属于前者。

对于中国节能来说,选择购买用友服务平台来优化自身的财务体系建设是有一定的优势的,原因如下:

(1)相比于自建系统平台,购买服务平台成本更低。升级和增值的费用大概在680万元,而自建财务平台所需要投入的研发投入成本以及后期版本维护更新的成本是上述费用的几倍以上。中国节能属于研发应用型企业,其对产品和工程研发投入的资金需求较多,在对其子公司太阳能、万润的年报研究中同样发现,其研发投入主要集中在像信息材料、环保材料和大健康产业等的技术应用方面,所以在开发辅助平台这一方面资金预算可能不足。

(2)受企业性质的影响,由于中国节能属于央企,对于非主营业务制定策略相对保守,自建财务共享平台对于企业的资金预算需求较大,所以购买平台服务对其而言是一个合适的选择。

(3)中国节能与用友为长期合作伙伴,财务人员对用友服务平台比较熟悉。版本迭代升级,不需要太多额外培训,节省了人员培训的成本。而且目前的用友财务平台服务基本完善,在行业内相对成熟。在本案例中,中国节能选择合作的用友公司已经拥有了一批稳定的用户,并且也积累了一定的维护升级经验,可以提供完善的保障服务。

(4)自建财务平台需要一定的时间,若购买搭建平台服务经过简单调试后就可以直接使用,显然,后者的效率更高。在企业数字化转型的大时代下,在较短的时间内搭建财务平台并完成财务数字化转型,有利于企业提高自身应对风险的能力和市场竞争力的。

(5)从安全性来说,搭建服务平台后,企业集团对后台有着绝对的控制权,安全性相对财务外包而言更高,此外财务外包具有很大的不确定性,对于中国节能这种中央企业来说显然不适用。

综上所述，中节能集团基于对成本、效率、自身需求和战略方向的考虑选择了用友提供的资金管理平台服务。

（三）中国节能财资管理系统运行机制

中国节能与用友合作，更新了影像系统、费用报销、预算、资金支付，升级了原先的财务共享平台；而后新增了资金管理平台等二十多个服务模块，中节能经升级后的财务共享系统和新增的资金管理系统相互协作，构成了企业一体化的财资管理平台。

1. 中国节能财务共享平台运行机制

（1）OCR自动识别系统。

中国节能的业务分布在国内各省区市及境外约110个国家和地区，形成了"3+3+1"的产业格局。财务共享平台下的电子影像系统，可以为中国节能解决企业财务组织与业务组织地域上分离所产生的，相关的会计原始票据、支撑性文件在流通传递过程中的问题。

中国节能财务共享平台通过建设电子影像系统（见图8-2），对票据进行电子影像归档，利用OCR技术提取出关键信息并将非结构的数据转变成结构化数据，便利数据的流动和使用，以及相关票据的核算，解决下属机构对于异常票据时的核销问题，使得财务业务处理更加高效便利。

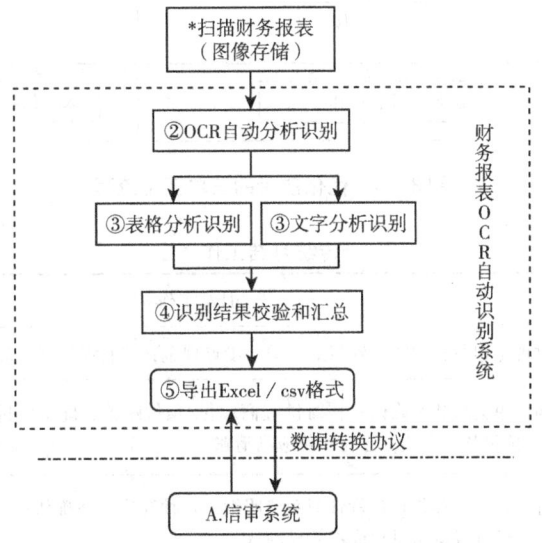

图8-2 财务报表光学字符识别技术流程

(2) 三单匹配。

三单匹配是中国节能子公司财务结算过程中的重要工作,工作强度高、耗时费力、错误率高。传统的三单匹配流程是,当财务人员接到单据后,需要根据发票、订单、库单等,手工将采购订单行项目、税率、供应商、价格差异、数量差异、发票编号、公司代码等进行比对(见表8-1)。

而通过财务共享平台的电子影像系统模块,通过 OCR 技术,加上 RPA (Robotic Process Automation,机器人流程自动化)技术,财务人员可以做到从供应商对账、发票扫描识别输入、三单校验匹配到审批、记账的自动化,发票平台网上集中认证等流程的自动化处理(见图8-3)。

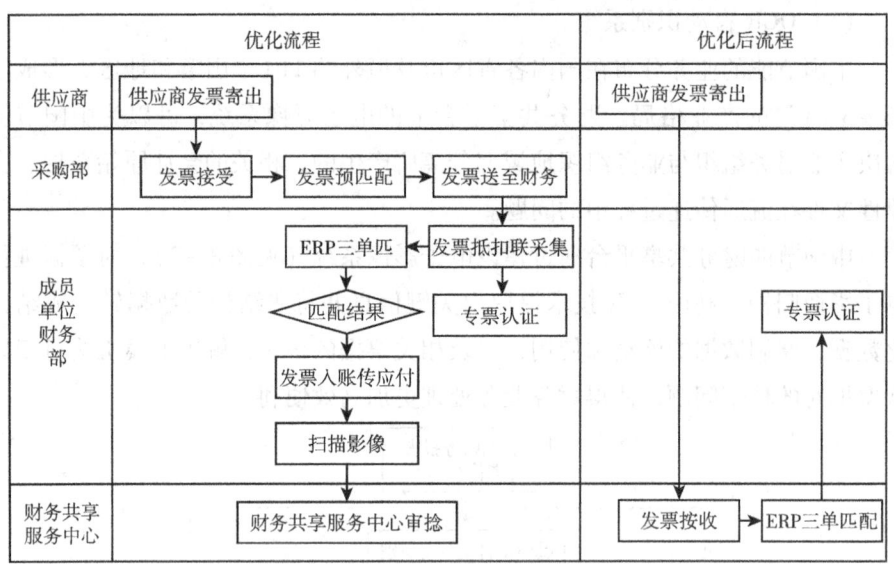

图8-3 优化前后的三单匹配流程

表8-1 传统月结工作

岗位	月结工作
资金会计	核对现金银行日记账与银行对账单、盘点现金;编制银行存款余额调节表
采购会计	采购订单完成状态确认;核对供应商应付/预付账款、确认应付暂估;核对供应商已付/预付款及发票;已付款供应商清账
材料/库存会计	核对财务账套存货与存货管理系统明细;各种存货状态确认;在库、在途、代销等状态;标准成本与材料成本差异确认

案例 8　财务共享背景下如何优化公司财务体系建设

续表

岗位	月结工作
销售会计	销售订单完成状态确认；与客户核对应收/预收账款；核对已收款及销售发票；客户往来清账
成本会计	材料标准成本与成本差异确认；产成品成本归集与分配
资产会计	资产盘点，资产状态确认；账实核对
费用会计	费用分摊与计提；核对费用供应商应付/预付账款；核对费用供应商已付/预付款及发票；已付款供应商清账
税务会计	进项发票认证、核对；销售发票确认；税金计提；纳税申报
总账会计	复核确认以上各岗位财务人员工作；出具财务报表、集团合并报表及分析报告

定义每月完成的任务，并设置自动月结的规则。RPA 机器人能够完成每月的工作，完成每月的结算，完成每月的报表，并将报表发送给相应的工作人员。

故 RPA 相比传统财务月结，测试数据显示，节能风电公司在 RPA 数据对账中，RPA 每次只用 2 分钟，手工业务每次用时 20~30 分钟，两者效率比为 1 500%，极大减少了过程中的人为失误以及时间成本。

通过这两个关键的模块功能，中节能的财务共享平台可以实现异地收集集团下各个子公司的财务数据，并且提取相关信息，并进行相关数据信息的核对工作。在此过程中提高了数据的流转效率，提升了财务信息和业务信息的匹配度，促进财务和业务的协同效率。

2. 中国节能资金管理平台运行机制

公司的运作效率取决于财务、资金和金融资源的运作。随着公司规模的扩大，资本的经营也逐渐越来越复杂、越来越专业化，给现有的管理流程和资源带来了严峻的挑战。

通常资金管理包括现金管理、营运资金管理、投融资管理、风险管理、金融机构关系管理以及决策支持等活动（见图 8-4）。从财务共享平台那里接受财务相关信息和数据后，资金管理系统遵循着"业财税资票一体化"的理念，以发票、报账、税务为核心，提供费用管控、查验发票、票单匹配、资金信贷、入账和归档等服务。以财务共享中心挖掘的数据作为决策依据的一部分，为企业相关业务或者重大项目的资金和信贷管理提供决策支持，从而实现业财税的深度融合。集团在进行资金集中管理后，可以合理地配置资金资源，提高资金的利用率，发挥协同增强作用。

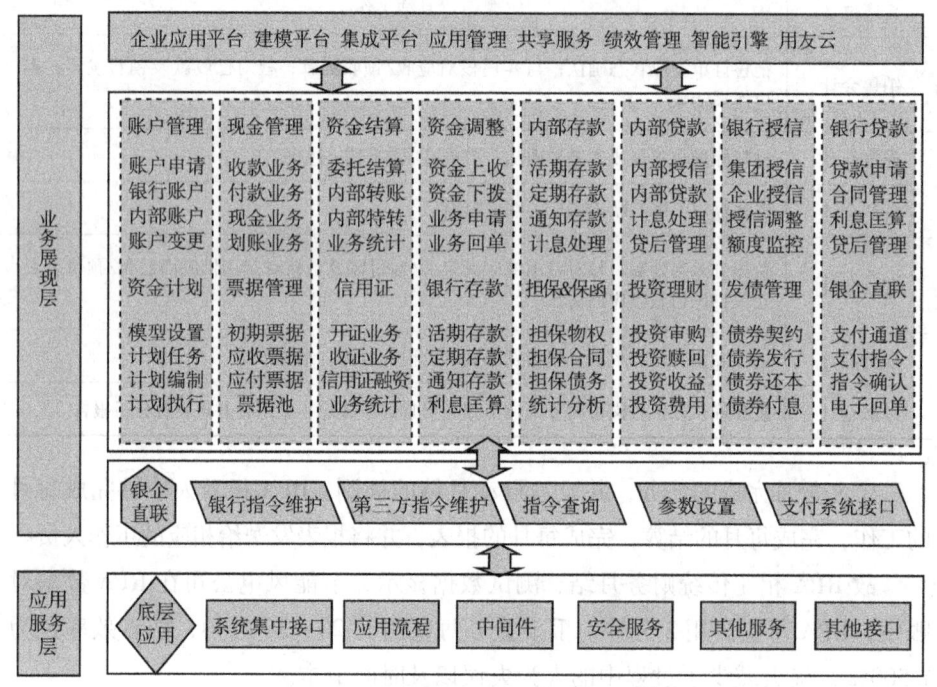

图 8-4 财资管理整体应用架构

五、中国节能建立财资管理系统的特征和绩效分析

（一）中国节能财资管理系统的特点

中国节能环保集团和用友 YonBIP 合作打造了适合组织战略发展的资金管理解决方案，从中节能集团资金管理业务总体规划（见图 8-5）可得出，该解决方案弥补了中节能原财务模式在财务资金管理上的不足，在原先财务共享平台的基础上新增了包括账户管理、授信管理、担保管理、银行贷款管理、委托贷款管理、资金集中度管理等多个功能；这些功能模块组成了资金管理和结算系统，该系统依托于财务共享平台收集到的信息和汇集的数据，成为了中节能内部强大的财务资金管理。截至平台统计的数据，财务共享的范围共涉及子企业 500 多家，涉及开户银 1 500 多家，银行账户 4 000 多户。经优化后的财务平台具有以下好处：

案例8　财务共享背景下如何优化公司财务体系建设

图 8-5　中节能集团资金管理业务总体规划

1. 实现技术赋能资金管理，完善财资管理体系

中国节能携手 YonBIP 打造的资金管理平台，是基于建设中国节能的财务核心诉求——管理集团内部财资体系而建立的，目的是规范融资信贷的业务流程，以加快实现集团内部业财一体化的进程。

该资金管理平台是依托于集团内部财务共享中心的信息而做出管理活动的，可以说资金管理业务的业务决策依据在很大程度上来源于财务共享中心所汇集的庞大的数据体量；资金管理部门通过财务共享中心及时监控下属公司的担保数据以及变动情况，以全面统计和分析数据从而支持资金决策流程的规范化。财务共享中心依靠数字化信息管理技术，给融资管理提供财务信息和参照指标，从而赋能集团的资金管理，完善了集团公司财资管理体系的建设。

2. 充分发挥信息资产的价值，支持组织管理决策

财务共享平台与资金管理系统相结合，全集团银行账户资金达到了"看得见"的状态,能够获取同一时点的各级单位资金资源,从而盘活了企业授信资源,从财务共享的角度来看,两个平台的结合有效地提高了财务共享平台所汇集的信息资产的价值;同时,通过对集团的多层次管理,可以实时看到各个企业的财务和运营情况,提高了企业内部的交易协调性以及业财的融合度,有助于提升企业内部的管理有效性;因此中节能财务共享平台在资金管理系统的搭建下,使信息资产的价值得到充分利用,以及为组织的实时监督和管理决策提供支持。

3. 帮助建立绿色信贷体系,支持与绿色金融体系相融合

中节能财务公司作为中国节能系统内唯一持牌金融机构,自成立以来,不断地优化自身经营管理模式,作为财务支持机构持续性地支持集团绿色实体经济产业的经济建设和发展。为了集中优势为集团重点发展的项目或者重大业务提供优先的资金保障,财务公司从 2018 年以来,依托集团深耕行业的基础,以及和用友合作打造的财资管理体系,正逐步开展财务公司绿色金融体系的建设,构建绿色金融体系框架,完善绿色信贷评价体系。

通过中节能的财务共享平台的数据挖掘和资金管理系统的数据分析,中节能财务公司可以对现有授信企业以及授信经营项目进行评审和财务方面的风险调查,实现绿色评价与信贷管理全流程的深度结合,因此中节能财务平台可以帮助中节能建立绿色信贷体系,其可以和绿色金融体系相融合。

(二) 中节能财资管理平台营运绩效分析

1. 营业资金周转率分析

营运资金周转率可以反映企业经济效益状况。研究已证明优化财务共享模式可以明显提升企业的营运资金周转率。现通过营运增长率来量化财务共享服务对企业营运绩效的影响。

营运资金周转率 = 营业收入 / (流动资产 - 流动负债)

由图 8-8 结果分析可知,2018 年以前,营运周转率为负。2018 年升级财务平台后,营运资金周转率由负转正并呈逐年上升的趋势,说明营运资本运用效率也逐年升高,同样证明了财务平台经过优化后,企业运营成本得到减少、营运管理效率升高,营业收入和利润实现增长。资金管理平台的引入,使得企业加强内部的资金营运管理,优化了资金调配的问题,实现财资管理一体化的同时推动了业财一体化(见图 8-6、图 8-7 和表 8-2)。

案例 8　财务共享背景下如何优化公司财务体系建设

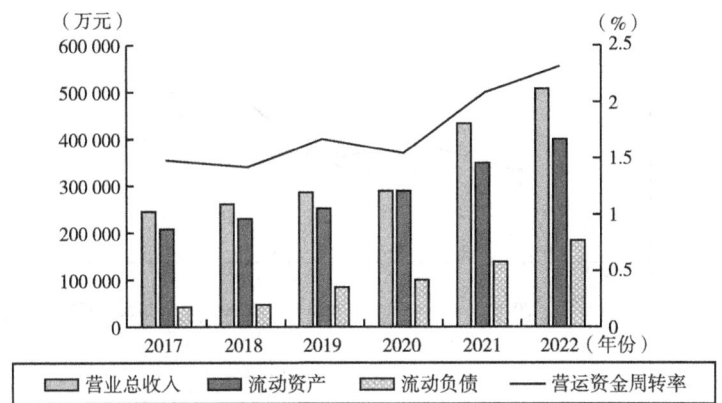

图 8-6　万润的相关数据以及营运资金周转率

数据来源：万润风电 2017～2022 年财报。

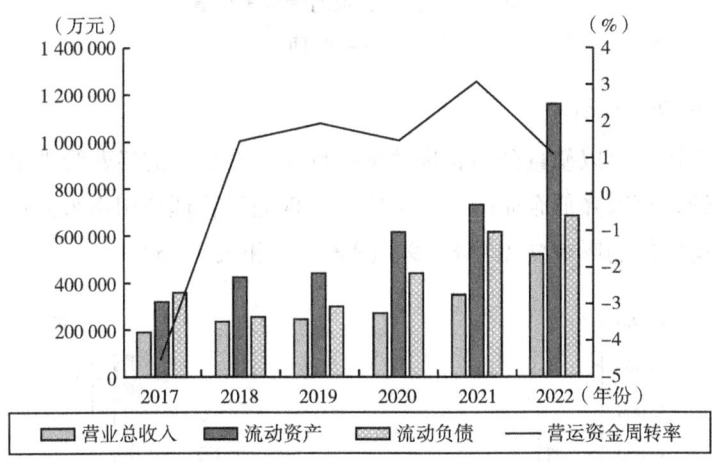

图 8-7　节能风电的相关数据以及营运资金周转率

数据来源：节能风电 2017～2022 年财报。

表 8-2　　　　　　　　　营运资金周转率加和求平均

	2022/12/31	2021/12/31	2020/12/31	2019/12/31	201812/31	2017/12/31
万润	2.326974812	2.074884623	1.542207346	1.686738481	1.421600157	1.476538386
节能风电	1.11022879	3.09435689	1.481585371	1.928803115	1.388037012	-4.514042753
平均值	1.718601801	2.584620756	1.511896358	1.807770798	1.404818584	-1.518752183

数据来源：万润、节能风电 2017～2022 年财报。

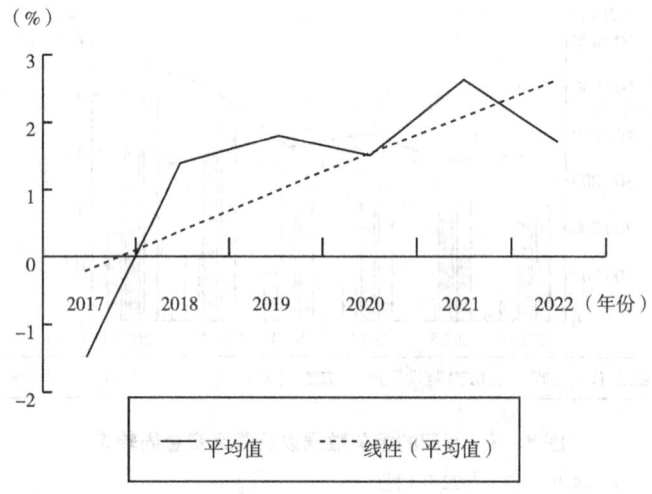

图 8-8 营运资金周转率平均值

数据来源：整理至万润、节能风电 2017~2022 年财报。

2. 管理费用率分析

管理费用率可以衡量公司管理效率，反映一个企业的经营管理水平，研究说明财资管理可以降低企业的管理费用率。现通过管理费用率来分析财资管理对企业营运绩效的影响（见图 8-9、图 8-10 和表 8-3）。

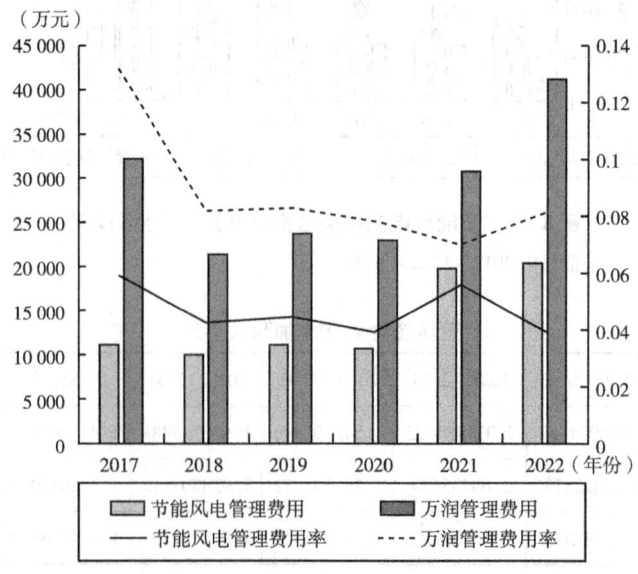

图 8-9 节能风电和万润的相关数据以及管理费用率

数据来源：万润、节能风电 2017~2022 年财报。

案例8　财务共享背景下如何优化公司财务体系建设

表8-3　　　　　　　　　　管理费用率加和求平均

	2022/12/31	2021/12/31	2020/12/31	2019/12/31	2018/12/31	2017/12/31
万润	0.081096109	0.070392992	0.078775061	0.082493917	0.081254623	0.131239891
节能风电	0.038725109	0.055611535	0.03962884	0.044376817	0.042176203	0.058714523
平均值	0.059910609	0.0630022635	0.0592019505	0.063435367	0.061715413	0.094977207

数据来源：万润、节能风电2017~2022年财报。

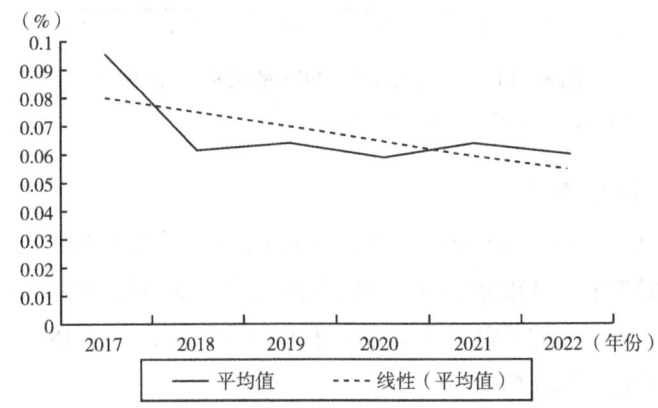

图8-9　管理费用率

数据来源：整理至万润、节能风电2017~2022年财报。

图8-9显示，2018年以前，企业的管理费用率相对较高达0.16，说明企业内部的管理仍可能存在一些问题，如业财融合不充分导致财务人员和业务人员在工作上出现矛盾、业务对接不够及时导致资金周转效率低、或是业务流程过于冗杂，导致不必要的支出等，这些都会导致管理费用的增加，管理费用率的上升。

2018年升级财务共享平台后，管理费用率大大下降，下降幅度为43.57%，说明企业精简并规范了业务环节，减少了大量重复的工作，降低了不必要的支出，同时引入资金管理平台后，加强了管理费用的控制，对费用进行了更加精细化的管理。

2019~2021年，随着企业对财务平台使用的不断熟练，其提高费用报销的精细化、促进费用审批流程的规范化、提升了费用入账的及时性和准确性，从而把管理费用率控制在较低的水平（见图8-10）。

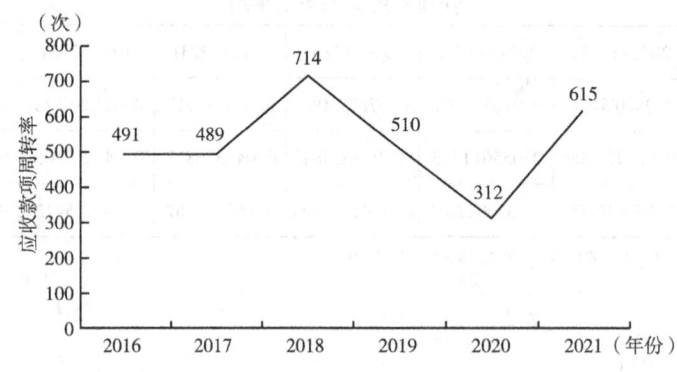

图 8－10 中节能 2016～2021 的应收款项周转率

数据来源：整理至中节能 2016～2021 年财报。

3. 应收款项周转率

比较 2016～2017 年和 2018～2021 年的应收款项周转率（次数），可知，在财务共享服务中心升级完成前，中国节能的应收款项周转率（次数）较低，且有下降的趋势，完成了财务共享服务中心的升级后，在 2018 年，中国节能的应收款项周转率达到峰值。

中国节能整体的应收款项周转率（次数）在 2020 年受到疫情的冲击，影响较大，下降至 312 次，随后又稳步上升。但从总体上看，中国节能在升级财务共享中心前的应收款项周转率低于其升级后的周转率。通过合理利用财资管理平台，中国节能公司的应收账款收集和管理能力得到了一定的提升。

4. 存货周转率

中国节能在 2018 年的存货周转率（次数）是近几年来最高的，但之后的趋势又开始缓慢下降。2020 年受到疫情的冲击，导致企业的存货周转率在近几年下降到最低。与此同时，在 2018 年中国节能升级了财务共享平台之后，存货周转率存在下降的趋势。对比应收款项周转率可分析出：中国节能为提高应收账款周转效率、降低坏帐风险，所以采取了收紧赊销的政策，一方面反映出中国节能的财务体系拥有一定的授信管理能力，这有利于降低公司的风险，突显出财资管理在这一方面的作用。但从另一方面来说，由于信贷紧缩，导致库存周转速度下降，表明公司的政策也许过于保守，存在着库存减值的风险（见图 8－11）。

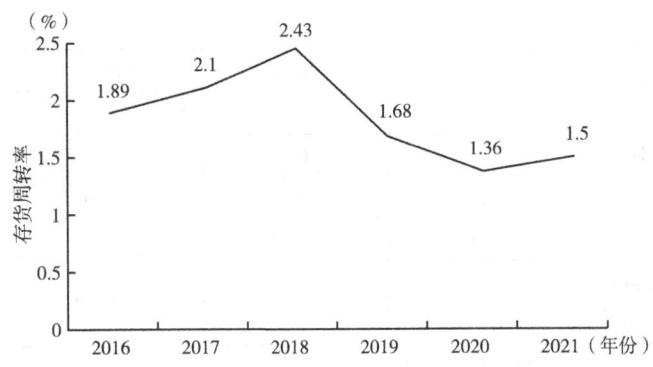

图 8–11　中国节能 2016～2021 年的存货周转率

数据来源：中国节能 2016—2021 年财报。

六、中国节能财资管理系统的不足

(一) 内部财务共享平台缺少税务方面的融合

中节能作为环保产业的龙头央企，无论是从经营层级还是战略层级都在顺应国家环保政策的号召，也因此享受着大量国家税负减免政策。从中节能发布的最新 2020 年的企业社会责任报告来看，核心绩效指标一表显示（见表 8–4），其营业收入相比于上一个年度有所下降，但是利润总额却有所上升，根据前面财务绩效的测算，合理推测是因为企业内部的费用管理有所成效，以及对环保产业的投入，也使得中节能享受到更多税务减免。然而对于一个涉税较多的企业，却没有在财资管理系统中单独设立税务管理的模块，而且企业环保研发投入是该企业未来发展的趋势，这势必会涉及更多的税务方面的处理，税务管理会是企业越来越重要的管理模块，显然企业在业财税这方面的融合不足。

表 8–4　核心绩效指标

指标	单位	2020 年	2019 年	2018 年
		经济绩效		
资产总额	亿元	2 213.41	1 725.80	1 563.58
营业收入	亿元	443.94	452.30	468.40
利润总额	亿元	35.51	32.29	34.02

续表

指标	单位	2020 年	2019 年	2018 年
		经济绩效		
资产负债率	%	67.11	69.25	69.54
纳税总额	亿元	35.87	36.07	42.20
节能环保研发投入	亿元	10.6	9.60	7.19
节能环保研发投入占营业收入的比例	%	2.39	2.10	1.45

数据来源：中节能 2020 企业社会责任报告。

（二）业财融合不够充分

业财融合是共享服务中心的基础运作方式，是提高企业经营效能的重要途径。但实际实施过程还存在以下几个方面的问题。一是缺乏将信息录入财务共享中心信息系统的能力，难以从业务系统中自动提取财务信息，出现延迟提交业务信息的情况，导致业财融合不及时。二是在现行的财务组织结构下，财务共享中心和各业务部门仍然是相互独立的，财务运作过程与交易环节是分离的，因此产生了许多冗余的工作流程，一旦发生突发事件，就会对业务的正常进行产生不利的影响。

（三）营运政策保守

从前面财务绩效分析中可以看出，中国节能为了在财务上改善应收账款周转率，合理推测它为了减少坏账风险，所以收紧了赊销政策，应收周转的好转，从一方面反映出公司的财务共享中心做了很好的信用评级系统，这对企业控制风险是有好处的；但从另一方面来看，存货也因为收紧了赊销政策，进而存货周转率受到了影响，存货比以前积压得更多了，说明企业的存货管理政策可能偏向保守，有存货减值的风险。

七、中国节能财资管理系统的优化策略

（一）提高对税收管理的重视程度，充分利用专业外部力量

企业要想有效地提升税务管理与税务筹划工作，必须加强对税务的管理与

规划,从业务和财务的角度出发,做好业务、财务、税务规划,以保证公司的健康发展。此外,企业还要加强与税务部门的沟通,争取税务部门的指导和协助,使有关的税收优惠政策得到有效的运用。同时,通过社会中介向税收部门求助。当前,税务顾问、会计师事务所等专业技术水平已经相当成熟,因此,可以从税务顾问、会计师事务所等方面聘请专门的税务顾问,提升税务行政工作的质量。

(二)利用外部环境推动业财税融合

外部环境对公司业财税一体化产生着不容忽视的重大影响。正确利用外部环境可以支持业财税相互融合。首先,公司决策者要从企业文化和环境角度出发,更换以往传统的运营模式和思维方法,提高财务和税务整合意识。在传统概念中,"业务""税务"和"财务"是互相独立的单位。在企业管理中,一般使用财务单位管理业务单位,不仅限制业务效率与收益的上升,还拉低了财务的上升效率。其次,业财税整合需要高度的协调与合作,必须建立理想且全面的沟通制度,使企业部门与职员融合得更加融洽,加深领导者对公司内部业务的了解程度。在企业生产经营活动中,要以业务团队为核心,以财务分析工具为辅助,对业务活动有效的督促和管理,取得与企业目标相一致的经营成果,还要使用一体化过程中生成的财务信息和数据,创建完善的大数据系统平台,为业财税融合提供战略保障,推动三者更加紧密融合。

(三)构建企业信息化共享平台

大数据可以作为经营者做出决策的科学依据,推动公司进行更为科学的管理以及提升管理的精细程度,以此作为公司长期发展坚实的基础。建立一个信息共享平台能够充分捕获公司业务运营过程中生成的数据,完成财务数据和资源的实时传输、交互和共享,这是使用大数据管理公司的不可缺少的前提条件。例如,一家财务公司以财务共享模式为公司管理的核心,根据公司的实际情况构建了一个信息共享平台,包括财务会计、在线支付、税务管理和业务运营四个模块,用来满足不同模块的需求。管理者不仅能够单独处理每个模块,还可以根据业财税一体化的思想来调试整理每个模块,使公司科学合理的管理控制和制订计划,公司的盈利能力和管理水平也会获得显著提高。

八、边际贡献及未来拓展

综上所述,在数字化背景下,业财税融合是企业不可逆转的时代趋势,企业必须予以足够的重视。本案例企业中国节能借助用友平台以及相关技术,构建符合企业数智化转型的财资管理新模式,为财务共享背景下企业的财务体系优化作了案例借鉴,以及就改进业财融合的新途径做出相关理论阐述。本案例企业的财务数字化转型升级,改变传统的财税与业务不协调的局面,提升了传统财务共享平台的信息价值,完善自身的财务共享服务体系,以协调公司内部营运环境,实现真正意义上的业财税融合,使企业的管理决策更加合理化和科学化,给企业创造更高的价值提升空间。同时,业财税一体化还能够提升员工工作效率,促进各部门协同配合,有利于促进企业经营业务规范化。而未来,企业应采取业财税一体化措施,不断优化和重构公司财务体系,更全面地了解企业的实际经营情况,优化企业的运营能力,帮助企业制定出更有利于实现企业经营目标的决策,促进企业的可持续发展。

参考文献

[1] 孔维伟,李家艺. 智能财务研究热点与发展趋势——基于 CiteSpace 的可视化分析 [J]. 财会通讯,2022 (10):36-42.

[2] 金莲花,王华. 财务共享服务中心的应用效果研究 [J]. 会计之友,2016,(05):21-24.

[3] 许汉友,岳茹菲,赵静. 财务共享智能化水平对企业绩效的影响研究 [J]. 会计之友,2022 (07):141-147.

[4] 甘立涛. 中兴通讯财务共享服务中心构建案例研究 [D]. 吉林大学,2021.

[5] 霍恩同. 中石油财务共享案例研究 [D]. 黑龙江大学,2021.

[6] 陈虎,孙彦丛. 财务共享服务 [M]. 北京:中国财政经济出版社,2018.

[7] 陈楚天. 企业财务共享服务中心模式创新研究 [J]. 财会通讯,2012 (23):65-66. DOI:10.16144/j.cnki.issn1002-8072.2012.23.031.

[8] 李红梅. "大智移云"时代财务与会计转型发展研究——以中兴通讯和海尔为例 [J]. 安徽商贸职业技术学院学报(社会科学版),2019,18 (04):26-29. DOI:10.13685/j.cnki.abc.000445.

[9] 张利霞,陈佳璇,谢敏,王怡琳,孙婧. 财务共享在中兴通讯运营中的应用研究 [J]. 中国集体经济,2022 (21):106-108.

[10] 丁梦雪. 中兴通讯业财融合效果分析 [J]. 科技创新与生产力,2021 (11):71-73.

[11] 曹青青. 大数据背景下企业财务共享中心构建研究 [J]. 产业科技创新,2023,5 (01):102-104.

[12] 张育强,林金腾. 企业集团财务共享服务模式的比较分析 [J]. 会计之友,2011.

[13] Moller P. Implementing shared service in Europe [J]. Treasury Management International. 1997.

[14] Bergeron B. Essentials of shared services [M]. New York:John Wiley&Sons,2003.

[15] 刘汉进. 共享服务的决策、实施与评价研究 [D]. 上海:上海交通大学,2004.

[16] 刘嘉宏. 企业财务管理中的业财融合问题探析 [J]. 财经界,2016 (15).

[17] 郭永清. 中国企业业财融合问题研究 [J]. 会计之友,2017 (15).

[18] 龚衍. 业财融合在财务管理中的运用 [J]. 财会学习,2017 (09).

[19] Hammer, M. 1990. Reengineering work:don't automate, obliterate. Harvard Business Review, Vol. 68, No. 4, 104~12.